Impressum
Verlag: BABADADA GmbH, Nedderfeld 112 , 22529 Hamburg
Geschäftsführer / Verlagsleitung: Harald Hof
Druck: Books on Demand GmbH, In de Tarpen 42, 22848 Norderstedt

Imprint
Publisher: BABADADA GmbH, Nedderfeld 112 , 22529 Hamburg, Germany
Managing Director / Publishing direction: Harald Hof
Print: Books on Demand GmbH, In de Tarpen 42, 22848 Norderstedt

σχολείο

اسکول

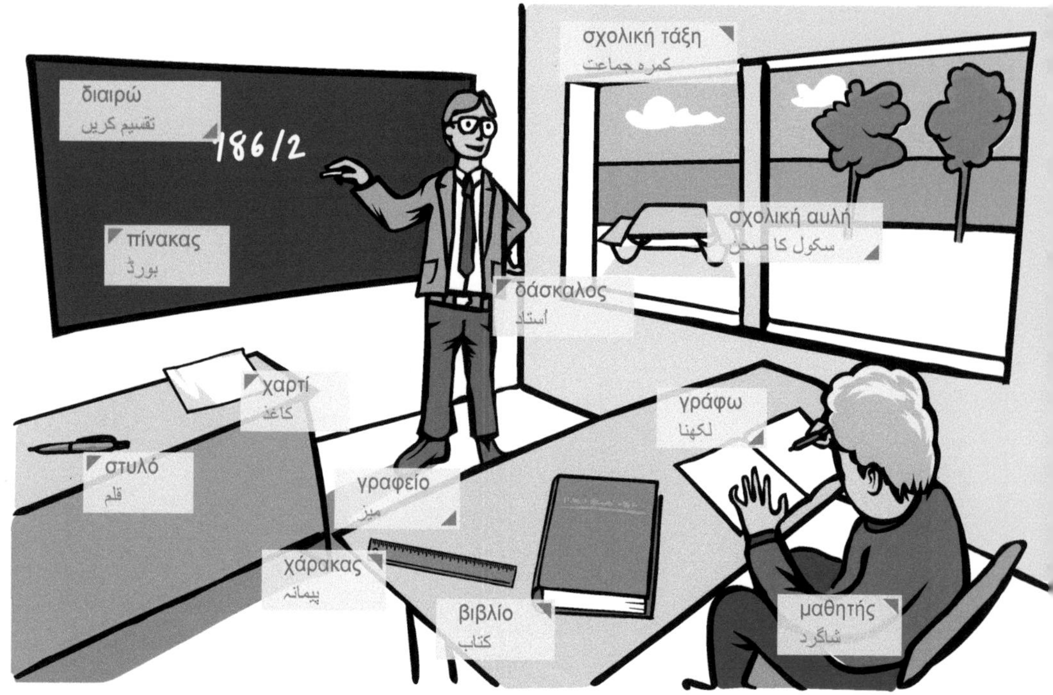
σχολική τάξη
کمرہ جماعت
διαιρώ
تقسیم کریں
186/2
πίνακας
بورڈ
σχολική αυλή
سکول کا صحن
δάσκαλος
اُستاد
χαρτί
کاغذ
γράφω
لکھنا
στυλό
قلم
γραφείο
میز
χάρακας
پیمانہ
βιβλίο
کتاب
μαθητής
شاگرد

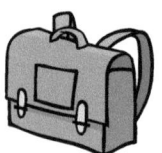

σχολική τσάντα

بستہ

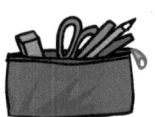

κασετίνα/ μολυβοθήκη

پینسل کیس

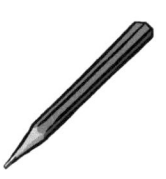

μολύβι

پینسل

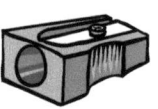

ξύστρα

پینسل شارپنر

γόμα

ربڑ

μπλοκ ζωγραφικής

ڈرائنگ پیڈ

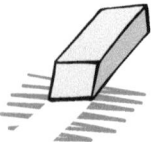

ζωγραφική

ڈرائنگ

πινέλο

پینٹ برش

κουτί χρωμάτων

پینٹ باکس

ψαλίδι

قینچی

κόλλα

گوند

τετράδιο ασκήσεων

مشق کی کاپی

εργασία για το σπίτι

ہوم ورک

αριθμός

ہندسہ

προσθέτω

جمع کریں

αφαιρώ

منفی کریں

πολλαπλασιάζω

ضرب دیں

υπολογίζω

شمار کریں

γράμμα

خط

αλφάβητο

حروف تہجی

λέξη

لفظ

κείμενο

متن

διαβάζω

پڑھنا

κιμωλία

چاک

μάθημα

سبق

εγγράφομαι

اندراج

τεστ

امتحان

πιστοποιητικό

سند

μαθητική στολή

سکول یونیفارم

εκπαίδευση

تعلیم

εγκυκλοπαίδεια

انسائیکلوپیڈیا

πανεπιστήμιο

یونیورسٹی

μικροσκόπιο

خورد بین

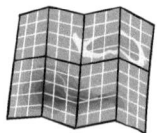

χάρτης

نقشہ

καλάθι αχρήστων

ویسٹ پیپر باسکٹ

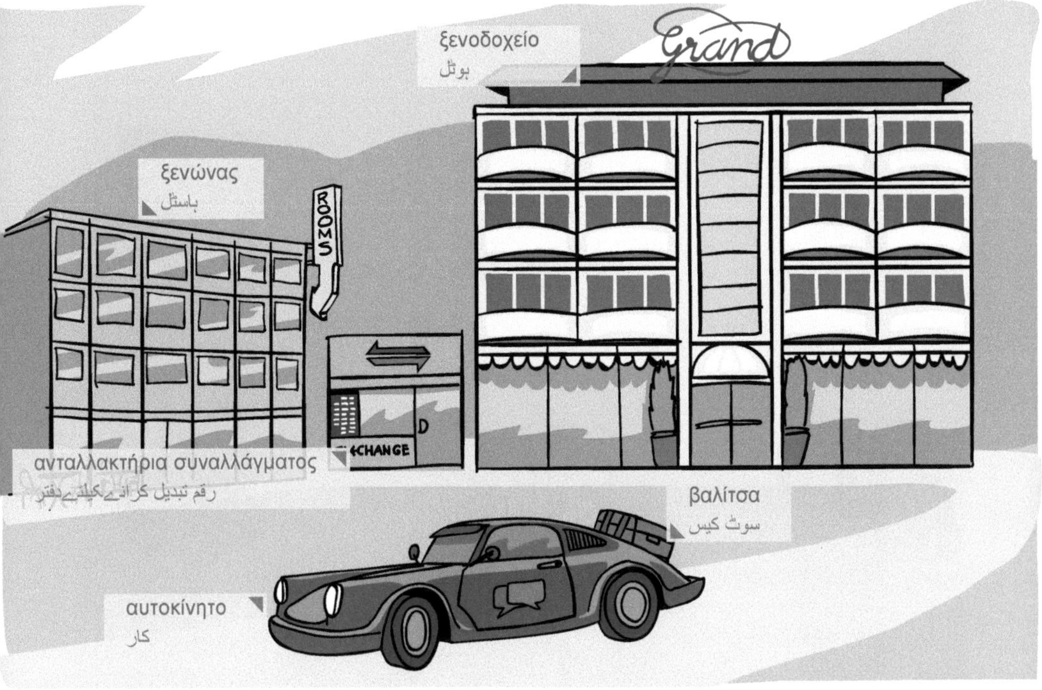

ξενοδοχείο
ہوٹل
Grand
ξενώνας
ہاسٹل
ROOMS
ανταλλακτήρια συναλλάγματος
رقم تبدیل کرانے کیلئے دفتر
βαλίτσα
سوٹ کیس
αυτοκίνητο
کار

γλώσσα

زبان

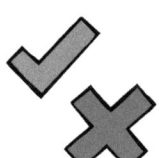

ναι / όχι

ہاں / نہیں

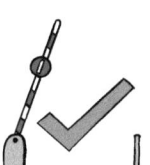

εντάξει

ٹھیک ہے

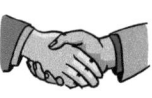

γεια σου

ہیلو

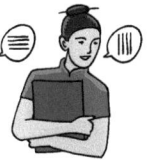

μεταφραστής

مُترجم

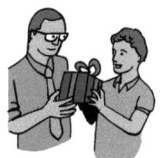

Ευχαριστώ

شُکریہ

πόσο κάνει ;

کی کیا قیمت ہے؟ ـ

Δε καταλαβαίνω

میں نہیں سمجھتا

πρόβλημα

مشکل

Καλησπέρα!

شام بخیر!

Καλημέρα!

صبح بخیر!

Καληνύχτα!

شب بخیر!

Αντίο

الوداع

κατεύθυνση

سمت

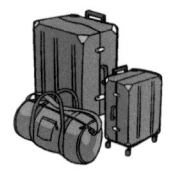

αποσκευές

سفری سامان

τσάντα

بیگ

σακίδιο πλάτης

بیگ پیک

καλεσμένος

مہمان

δωμάτιο

کمرہ

υπνόσακος

سلیپنگ بیگ

σκηνή

ٹینٹ

τουριστικές πληροφορίες

سیاحوں کے لئے معلومات

παραλία

ساحل

πιστωτική κάρτα

کریڈٹ کارڈ

πρωινό

ناشتہ

μεσημεριανό

لنچ

δείπνο

ڈنر

εισιτήριο

ٹکٹ

ανελκυστήρας

لفٹ

γραμματόσημο

مُہر

σύνορα

سرحد

τελωνείο

کسٹمز

πρεσβεία

سفارت خانہ

βίζα

ویزا

διαβατήριο

پاسپورٹ

μεταφορά

نقل وحمل

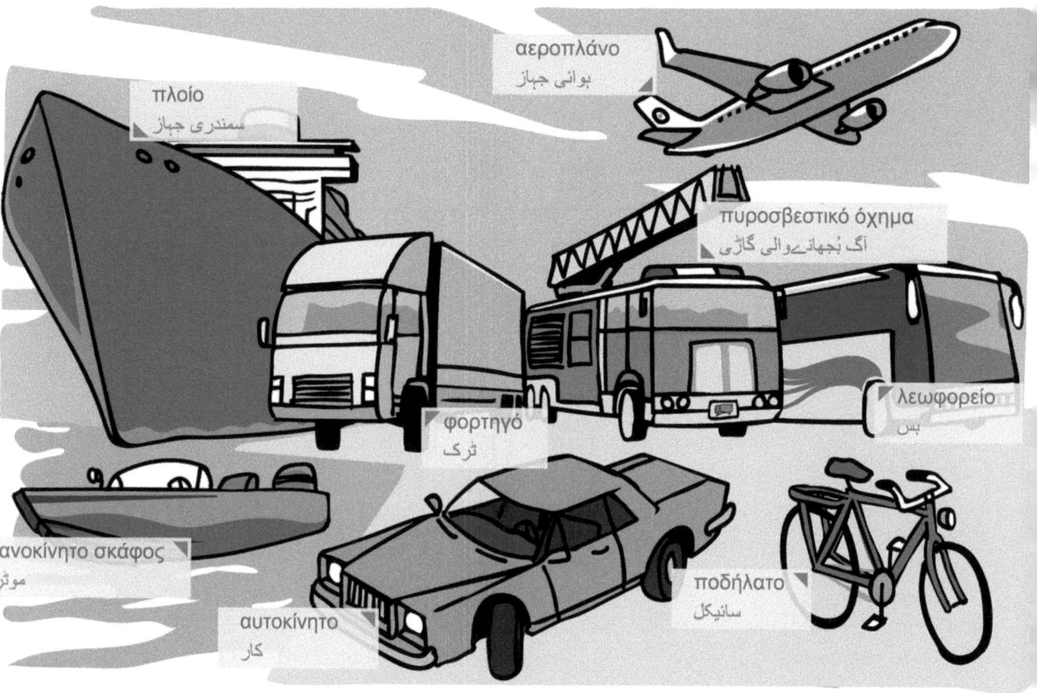

αεροπλάνο
ہوائی جہاز
πλοίο
سمندری جہاز
πυροσβεστικό όχημα
آگ بُجھانےوالی گاڑی
λεωφορείο
بس
φορτηγό
ٹرک
χανοκίνητο σκάφος
موٹرب
ποδήλατο
سائیکل
αυτοκίνητο
کار

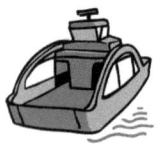

φεριμπότ

فیری

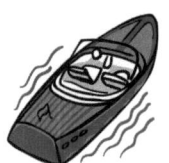

βάρκα

کشتی

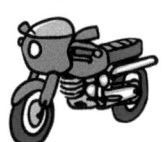

μοτοσικλέτα

موٹرسائیکل

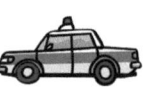

περιπολικό

پولیس کار

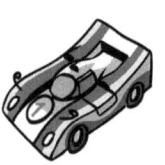

αγωνιστικό αυτοκίνητο

ریسنگ کار

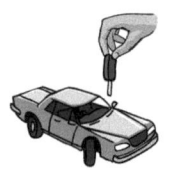

ενοικιαζόμενο αυτοκίνητο

کرایہ پرکار

διαμοιρασμός αυτοκινήτων

كاركا اشتراک کرنا

γερανός

کھینچنے والا ٹرک

απορριμματοφόρο

کوڑے والا ٹرک

κινητήρας

کار

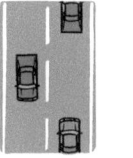

καύσιμο

ایندھن

βενζινάδικο

پٹرول اسٹیشن

πινακίδα σήμανσης

ٹریفک کے نشانات

κυκλοφορία

ٹریفک

κυκλοφοριακή συμφόρηση

ٹریفک جام

χώρος στάθμευσης

کارپارک

σιδηροδρομικός σταθμός

ٹرین اسٹیشن

σιδηροδρομικές γραμμές

پٹڑیان

τρένο

ٹرین

τραμ

ٹرام

βαγόνι

ویگن

ελικόπτερο

بیلی کاپٹر

αεροδρόμιο

ائرپورٹ

πύργος

ٹاور

επιβάτης

مسافر

εμπορευματοκιβώτιο

کنٹینر

χαρτοκιβώτιο

ڈبہ

καρότσι

ریڑھا

καλάθι

ٹوکری

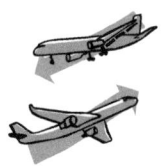

απογειώνομαι /
προσγειόνομαι

اڑان بھرنا / زمین پر اترنا

πόλη

شہر

χωριό

گاؤں

κέντρο της πόλης

سٹی سنٹر

σπίτι

مکان

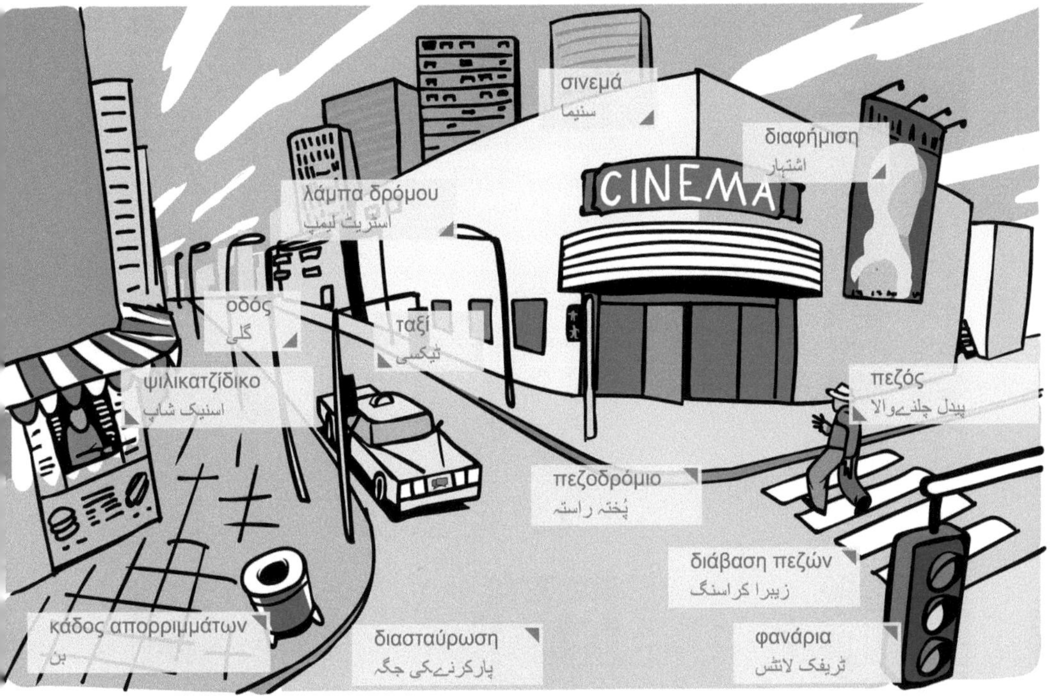

σινεμά
سنیما
διαφήμιση
اشتہار
λάμπα δρόμου
اسٹریٹ لیمپ
CINEMA
οδός
گلی
ταξί
ٹیکسی
ψιλικατζίδικο
اسنیک شاپ
πεζός
پیدل چلنے والا
πεζοδρόμιο
پُختہ راستہ
διάβαση πεζών
زیبرا کراسنگ
κάδος απορριμμάτων
بن
διασταύρωση
پارکرنےکی جگہ
φανάρια
ٹریفک لائٹس

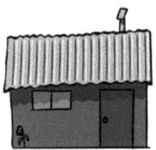

καλύβα

ہٹ

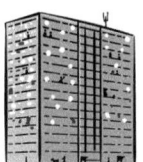

διαμέρισμα

فلیٹ

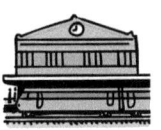

σιδηροδρομικός σταθμός

ٹرین اسٹیشن

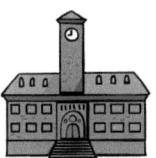

δημαρχείο

ٹاؤن ہال

MUSEUM

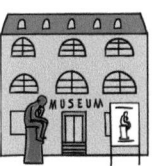

μουσείο

عجائب گھر

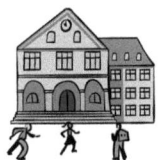

σχολείο

اسکول

πανεπιστήμιο

یونیورسٹی

τράπεζα

بینک

νοσοκομείο

ہسپتال

ξενοδοχείο

ہوٹل

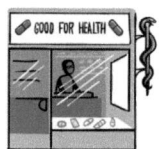

φαρμακείο

فارمیسی

γραφείο

دفتر

βιβλιοπωλείο

کتابوں کی دکان

κατάστημα

دکان

ανθοπωλείο

پھولوں کی دُکان

σούπερ μάρκετ

سُپرمارکیٹ

αγορά

مارکیٹ

πολυκατάστημα

ڈیپارٹمنٹ سٹور

ιχθυοπωλείο

مچھلی کی دُکان

εμπορικό κέντρο

شاپنگ سنٹر

λιμάνι

بندرگاہ

πάρκο

پارک

παγκάκι

بنچ

γέφυρα

پُل

σκάλες

سیڑھیاں

μετρό

انڈرگراؤنڈ

τούνελ

سُرنگ

στάση λεωφορείου

بس اسٹاپ

μπαρ

شراب خانہ

εστιατόριο

ریسٹورنٹ

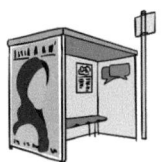

γραμματοκιβώτιο

پوسٹ باکس

πινακίδα δρόμου

اسٹریٹ سائن

παρκόμετρο

پارکنگ میٹر

ζωολογικός κήπος

چڑیا گھر

πισίνα

سوئمنگ پول

τζαμί

مسجد

αγρόκτημα

کھیت

ρύπανση

آلودگی

νεκροταφείο

قبرستان

εκκλησία

چرچ

παιδική χαρά

کھیل کا میدان

ναός

مندر

τοπίο

منظر

φύλλο
پتہ

πινακίδα κατεύθυνσης
رہنمائی کرنے والا ہوا بورڈ

δρόμος
راستہ

λιβάδι
سبزہ زار

πέτρα
پتھر

ποδηλάτης
پیدل چلنے والا، بائیکر

δέντρο
درخت

ποτάμι
دریا

χορτάρι
گھاس

λουλούδι
پھول

κοιλάδα

وادی

λόφος

پہاڑی

λίμνη

جھیل

δάσος

جنگل

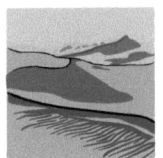

έρημος

صحرا

ηφαίστειο

آتش فشاں

κάστρο

قلعہ

ουράνιο τόξο

قوس قزح

μανιτάρι

کھمبی

φοίνικας

کجھوركا درخت

κουνούπι

مچھر

μύγα

مکھی

μυρμήγκι

چیونٹی

μέλισσα

مکھی

αράχνη

مکڑا

σκαθάρι

بھونرا

βάτραχος

مینڈک

σκίουρος

گلہری

σκαντζόχοιρος

خارپُشت

λαγός

خرگوش

κουκουβάγια

اُلو

πουλί

پرندہ

κύκνος

راج ہنس

αγριογούρουνο

سؤر

ελάφι

ہرن

άλκη

امریکی بارہ سنگھا

φράγμα

ڈیم

ανεμογεννήτρια

ہوا سے چلنے والی ٹربائنیں

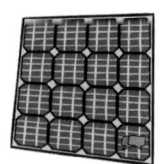

ηλιακός συλλέκτης

سولر پینل

κλίμα

آب وہوا

σερβιτόρος
ویٹر

κατάλογος
مینیو

καρέκλα
کرسی

σούπα
سوپ

πίτσα
پیزا

μαχαιροπίρουνα
کٹلری

τραπεζομάντιλο
ٹیبل کلاتھ

ορεκτικό
......
اسٹارٹر

κύριο πιάτο
......
مین کورس

επιδόρπιο
......
ڈیزرٹ

ποτά
......
مشروبات

φαγητό
......
کھانےکی اشیاء

μπουκάλι
......
بوتل

φαστ φουντ

فاسٹ فوڈ

φαγητό στ' όρθιο

اسٹریٹ فوڈ

τσαγιέρα

چائے دانی

δοχείο ζάχαρης

شوگر باکس

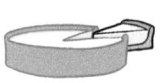

μερίδα

حصہ

μηχανή εσπρέσο

ایسپریسو مشین

ψηλή καρέκλα

اونچی کُرسی

λογαριασμός

بل

δίσκος

ٹرے

μαχαίρι

چُھُری

πιρούνι

کانٹا

κουτάλι

چمچ

κουταλάκι του τσαγιού

چائے کا چمچ

πετσέτα φαγητού

سرویئٹی

ποτήρι

گِلاس

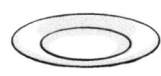

πιάτο

پلیٹ

πιάτο σούπας

سوپ پلیٹ

πιατάκι φλιτζανιού

طشتری

σάλτσα

چٹنی

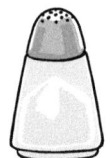

αλατιέρα

سالٹ شیکر

μύλος για πιπέρι

پیپرمل

ξύδι

سرکہ

λάδι

خوردنی تیل

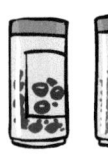

μπαχαρικά

مصالحے

κέτσαπ

کیچپ

μουστάρδα

سرسوں

μαγιονέζα

میئونیز

σούπερ μάρκετ

سُپرمارکیٹ

προσφορά
خصوصی پیشکش
FOR
πελάτης
گاہک
γαλακτοκομικά προϊόντα
ڈیری
φρούτα
پھل
καρότσι για ψώνια
ٹرالی

BUTCHERS

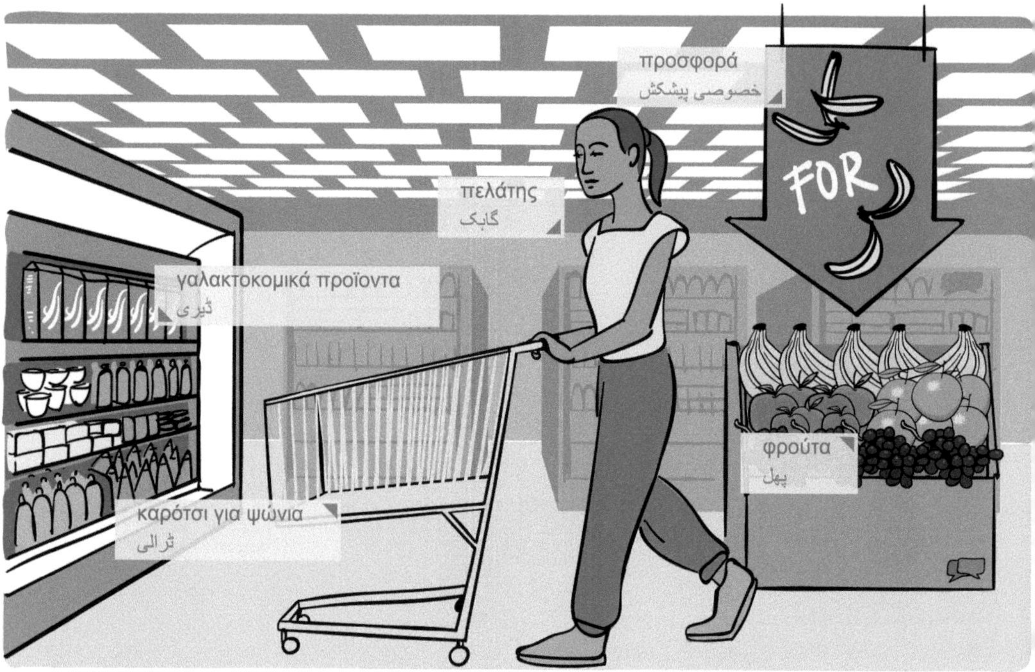

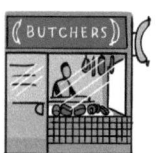

κρεοπωλείο

گوشت کی دُکان

BAKERY

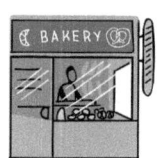

φούρνος

بیکری

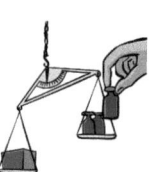

ζυγίζω

وزن کرنا

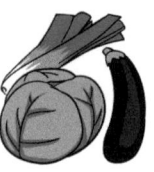

λαχανικά

سبزیاں

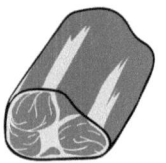

κρέας

گوشت

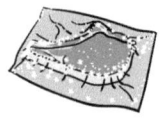

κατεψυγμένα τρόφιμα

جما ہوا کھانا

αλλαντικά

کولڈ کٹس

κονσερβοποιημένη τροφή

ڈبے میں بند کھانا

απορρυπαντικό ρούχων

واشنگ پاؤڈر

γλυκά

متھائیاں

οικιακά είδη

گھریلو مصنوعات

καθαριστικά προϊόντα

صاف کرنے کیلئے مصنوعات

πωλήτρια

سیلزپرسن

ταμείο

کیش رجسٹر

ταμίας

کیشیئر

λίστα για ψώνια

خریداری کی فہرست

ωράριο λειτουργίας

اوقات کار

πορτοφόλι

بٹوہ

πιστωτική κάρτα

کریڈٹ کارڈ

τσάντα

تھیلا

πλαστική σακούλα

پلاسٹک کے تھیلے

νερό

پانی

χυμός

جوس، رس

γάλα

دودھ

κόκα κόλα

کوک

κρασί

وائن

μπίρα

بیئر

αλκοόλ

الکوحل

κακάο

کوکوآ

τσάι

چائے

καφές

کافی

εσπρέσο

أيسپريسو

καπουτσίνο

کپاچینو

μπανάνα

كيلا

μήλο

سيب

πορτοκάλι

مالٹا

πεπόνι

خربوزہ

λεμόνι

لیموں

καρότο

گاجر

σκόρδο

لھسن

μπαμπού

بانس

κρεμμύδι

پیاز

μανιτάρι

کھمبی

ξηροί καρποί

اخروٹ، بادام وغیرہ

νουντλς

نوڈلز

μακαρόνια

اسپیگیٹی

ρύζι

چاول

σαλάτα

سلاد

πατατάκια

چپس

τηγανητές πατάτες

تلے گئے آلو

πίτσα

پیزا

χάμπουργκερ

بیم برگر

σάντουιτς

سینڈوچ

κοτολέτα

کٹلٹ

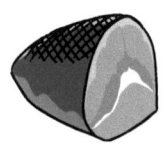

ζαμπόν

سؤر کی ران کا گوشت

σαλάμι

گوشت کی اطالوی ساسیج

λουκάνικο

ساسیج

κοτόπουλο

مُرغی

ψητό

روسٹ

ψάρι

مچھلی

χυλός βρώμης

جئی کا دلیہ

μούσλι

میوزلی

κορν φλέικς

کارن فلیکس

αλεύρι

آٹا

κρουασάν

کرونیسنٹ

ψωμάκι

بریڈ رول

ψωμί

بریڈ

τοστ

ٹوسٹ

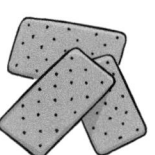

μπισκότα

بسکٹ

βούτυρο

مکھن

τυρόπηγμα

دہی

κέικ

کیک

αυγό

انڈا

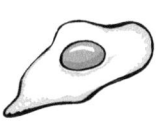

τηγανητό αυγό

فرائی کیا گیا انڈہ

τυρί

پنیر

παγωτό

آئس کریم

ζάχαρη

چینی

μέλι

شہد

μαρμελάδα

جام

άλλειμμα σοκολάτας

ناؤگٹ کریم

κάρυ

سالن

αγρόκτημα
کھیت

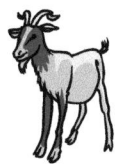

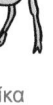

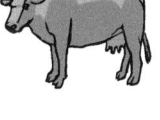

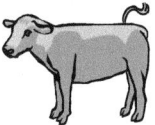

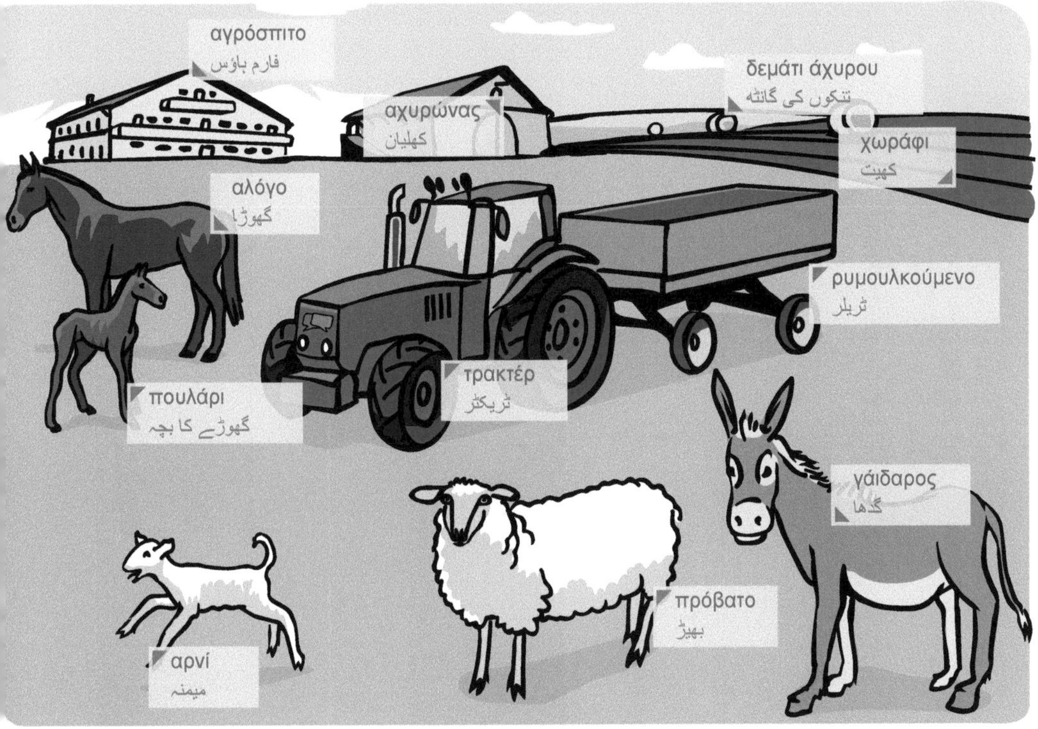

αγρόσπιτο
فارم ہاؤس
δεμάτι άχυρου
تنکوں کی گانٹھ
αχυρώνας
کھلیان
χωράφι
کھیت
αλόγο
گھوڑا
ρυμουλκούμενο
ٹریلر
τρακτέρ
ٹریکٹر
πουλάρι
گھوڑے کا بچہ
γάιδαρος
گدھا
πρόβατο
بھیڑ
αρνί
میمنہ

κατσίκα

بکری

αγελάδα

گائے

μοσχαράκι

بچھڑا

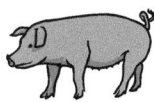

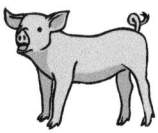

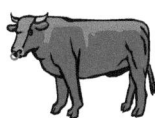

γουρούνι

سؤر

γουρουνάκι

سؤر کابچہ

ταύρος

سانڈ

χήνα

سنب راج

πάπια

خطب

κοτοπουλάκι

چوزه

κότα

مُرغی

κόκορας

مُرغا

αρουραίος

چوہا

γάτα

بلی

ποντίκι

چوہا

βόδι

بیلجھ

σκύλος

كتا

σπιτάκι σκύλου

كتے كا گھر

λάστιχο κήπου

گارڈن ہوز س

ποτιστήρι

پانی كا كین

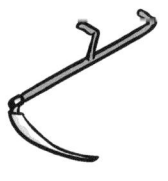

θεριστήρι

درانتی

αλέτρι

ہل

δρεπάνι

درانتی

τσάπα

بیلچہ

δίκρανο

ترنگل

τσεκούρι

کلہاڑا

χειράμαξα

بتہ گاڑی

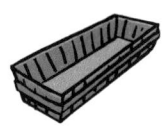

ταΐστρα

حوض

δοχείο γάλακτος

دودھ کا کین

σάκος

تھیلا

φράχτης

باڑ

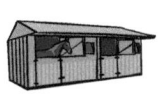

στάβλος

اصطبل

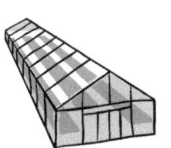

θερμοκήπιο

گرین ہاؤس

έδαφος

مٹی

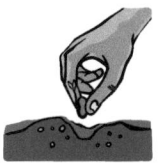

σπόρος

بیج

λίπασμα

فرٹیلائیزر

θεριζοαλωνιστική μηχανή

کمبائن ہارویسٹر

θερίζω

فصل کاٹنا

συγκομιδή

فصل کاٹنا

γιαμς

افریقی آلو

σιτάρι

گندم

σόγια

سویا

πατάτα

آلو

καλαμπόκι

مکئی

κράμβη

توریا کا تیل

οπωροφόρο δέντρο

پھلداردرخت

μανιόκα

کساوا

δημητριακά

دلیہ

σπίτι
مکان

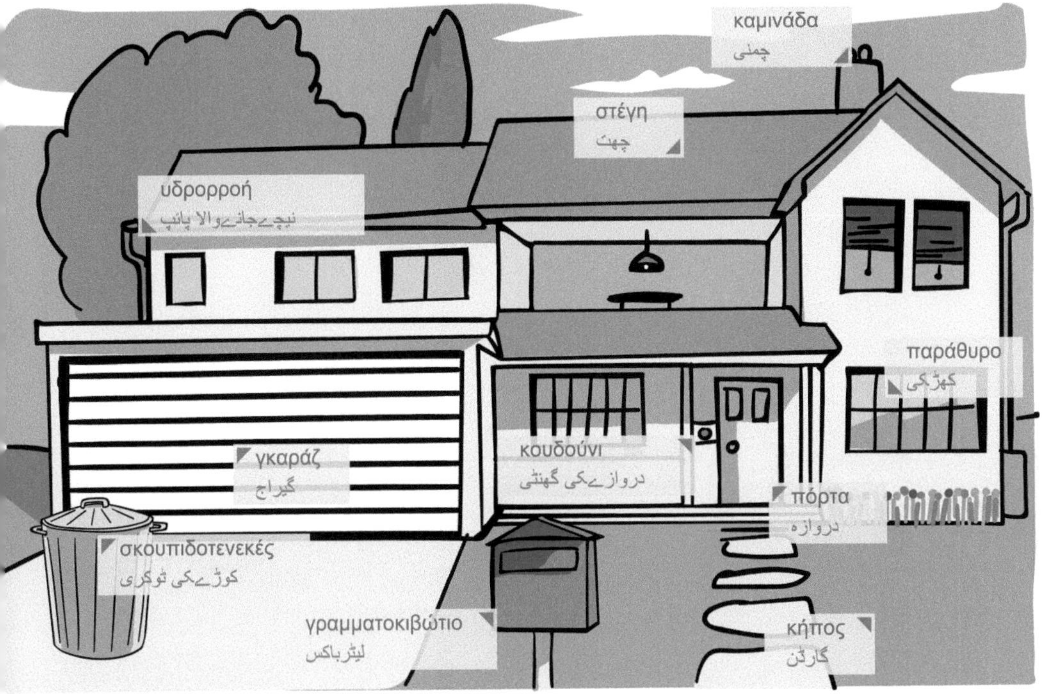
καμινάδα
چمنی
στέγη
چھت
υδρορροή
نیچے جانے والا پائپ
παράθυρο
کھڑکی
γκαράζ
گیراج
κουδούνι
دروازے کی گھنٹی
πόρτα
دروازہ
σκουπιδοτενεκές
کوڑے کی ٹوکری
γραμματοκιβώτιο
لیٹر باکس
κήπος
گارڈن

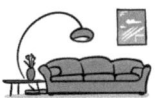

σαλόνι

لوونگ روم

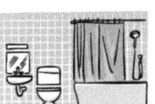

μπάνιο

غُسل خانہ

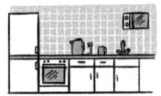

κουζίνα

باورچی خانہ

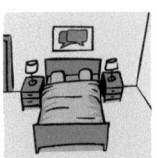

υπνοδωμάτιο

بیڈروم

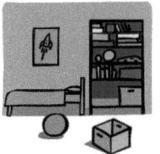

παιδικό δωμάτιο

بچوں کا کمرہ

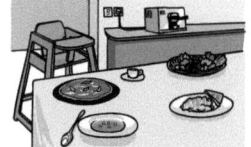

τραπεζαρία

کھانے کا کمرہ

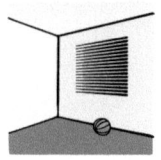

πάτωμα

فرش

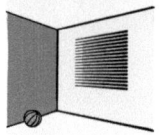

τοίχος

دیوار

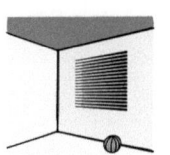

οροφή

چھت

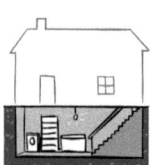

κελάρι

تہ خانہ

σάουνα

سوانا

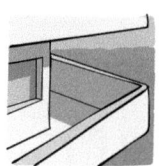

μπαλκόνι

بالکونی

βεράντα

ٹیریس

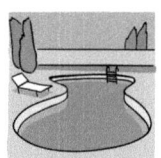

πισίνα

پول

μηχανή του γκαζόν

گھاس کاٹنے کی مشین

σεντόνι

چادر

κάλυμμα κρεβατιού

چادر

κρεβάτι

بستر

σκούπα

جھاڑو

κουβάς

بالٹی

διακόπτης

سوئچ

σαλόνι

لوونگ روم

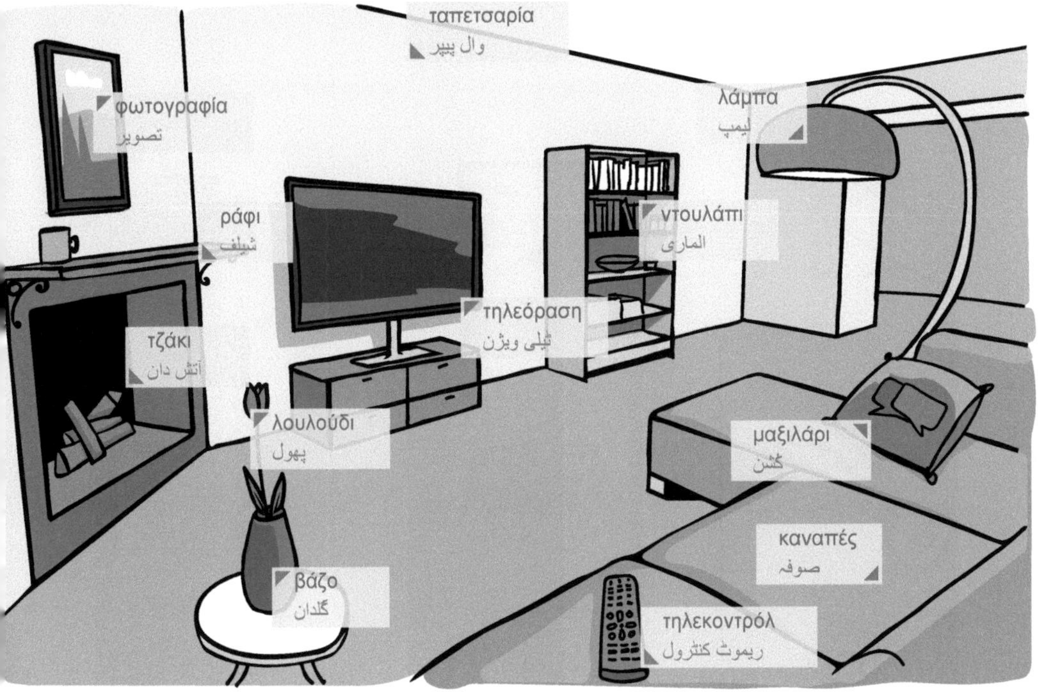

ταπετσαρία
وال پیپر
φωτογραφία
تصویر
λάμπα
لیمپ
ράφι
شیلف
ντουλάπι
الماری
τηλεόραση
ٹیلی ویژن
τζάκι
آتش دان
λουλούδι
پھول
μαξιλάρι
کُشن
καναπές
صوفہ
βάζο
گلدان
τηλεκοντρόλ
ریموٹ کنٹرول

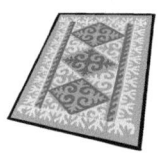

χαλί

قالین

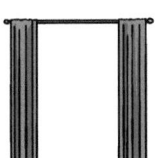

κουρτίνα

پردے

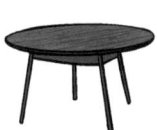

τραπέζι

میز

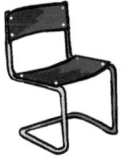

καρέκλα

کُرسی

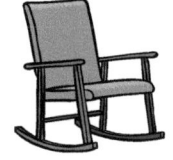

κουνιστή πολυθρόνα

ہلنے والی کُرسی

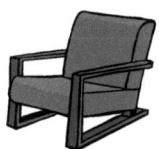

πολυθρόνα

آرام کُرسی

βιβλίο

کتاب

κουβέρτα

کمبل

διακόσμηση

آرائش

καυσόξυλα

جلانے کی لکڑی

ταινία

فلم

στερεοφωνικό σύστημα

بانی فانی

κλειδί

چابی

εφημερίδα

اخبار

πίνακας ζωγραφικής

پینٹنگ

αφίσα

پوسٹر

ραδιόφωνο

ریڈیو

σημειωματάριο

نوٹ بُک

ηλεκτρική σκούπα

ویکیوم کلینر

κάκτος

کیکٹس

κερί

موم بتی

κουζίνα

باورچی خانہ

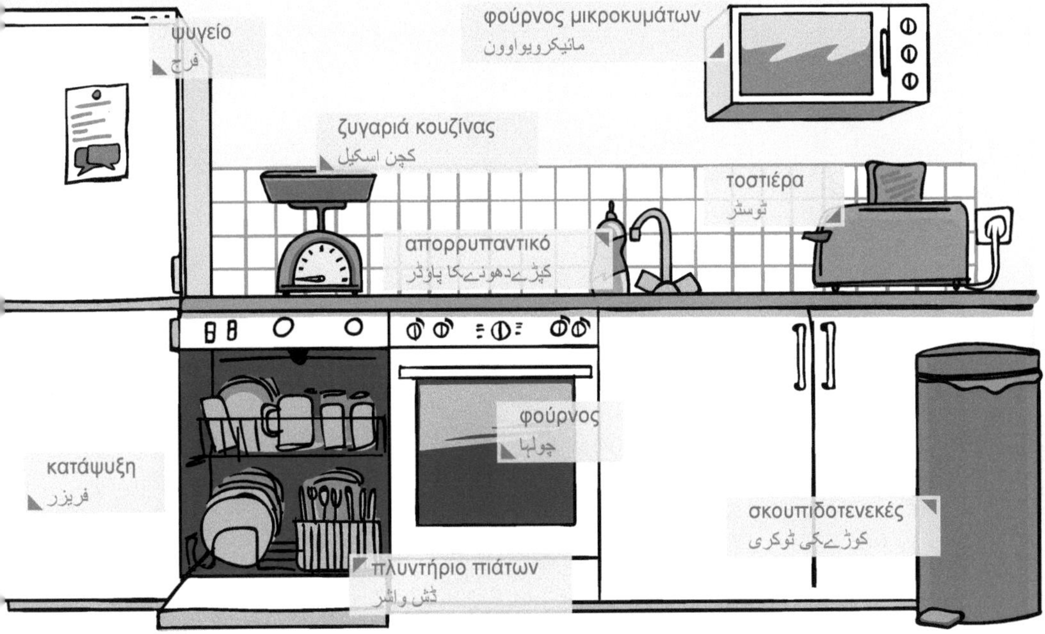
ψυγείο
فرج
φούρνος μικροκυμάτων
مائیکروویواوون
ζυγαριά κουζίνας
کچن اسکیل
τοστιέρα
ٹوسٹر
απορρυπαντικό
کپڑے دھونے کا پاؤڈر
φούρνος
چولہا
κατάψυξη
فریزر
σκουπιδοτενεκές
کوڑے کی ٹوکری
πλυντήριο πιάτων
ڈش واشر

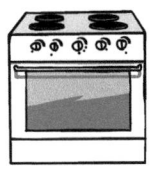

κουζίνα

ککر

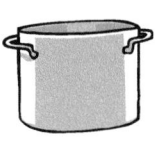

κατσαρόλα

برتن

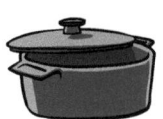

μαντεμένια κατσαρόλα

لوہے کا برتن

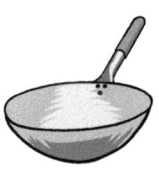

γουόκ/καντάι

کڑاہی

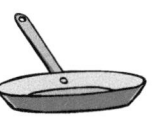

τηγάνι

برتن

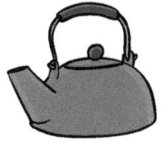

βραστήρας

کیتلی

ατμομάγειρας

استیمر

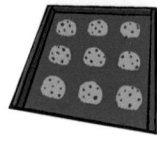

ταψί

بیکنگ ٹرے

πιατικά

کراکری

κούπα

مگ

μπολ

پیالہ

ξυλάκια

چاپ اسٹکس

κουτάλα

ڈونی

σπάτουλα

کفچہ

ανακατεύω

جھاڑ ودینا

σουρωτήρι

مقطر

σουρωτηράκι

چھلنی

τρίφτης

گریٹر

γουδί

کونڈی

ψησταριά

باربی کیو

ανοιχτή φωτιά

کھلی آگ

σανίδα κοπής

چاپنگ بورڈ

πλάστης

بیلن

ανοιχτήρι φελλών

کارک اسکریو

κονσέρβα

کین

ανοιχτήρι κονσέρβας

کین اوپنر

γάντι φούρνου

برتن پکڑنےوالا کپڑا

νεροχύτης

سنک

βούρτσα

برش

σφουγγάρι

اسپونج

μπλέντερ

بلینڈر

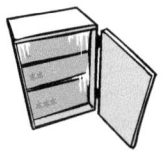

καταψύκτης

ڈیپ فریز

μπιμπερό

بچےکی بوتل

βρύση

ٹونٹی

θέρμανση
پیٹنگ

ντους
شاور

πετσέτα
تولیه

κουρτίνα ντουζ
شاورکرتن

αφρόλουτρο
بیل باته

μπανιέρα
باته ٹب

πλυντήριο ρούχων
واشنگ مشین

ποτήρι
شیشه

πλακάκια
ٹائلیں

βρύση
ٹونٹی

γιογιό
پاٹی

νεροχύτης
سنک

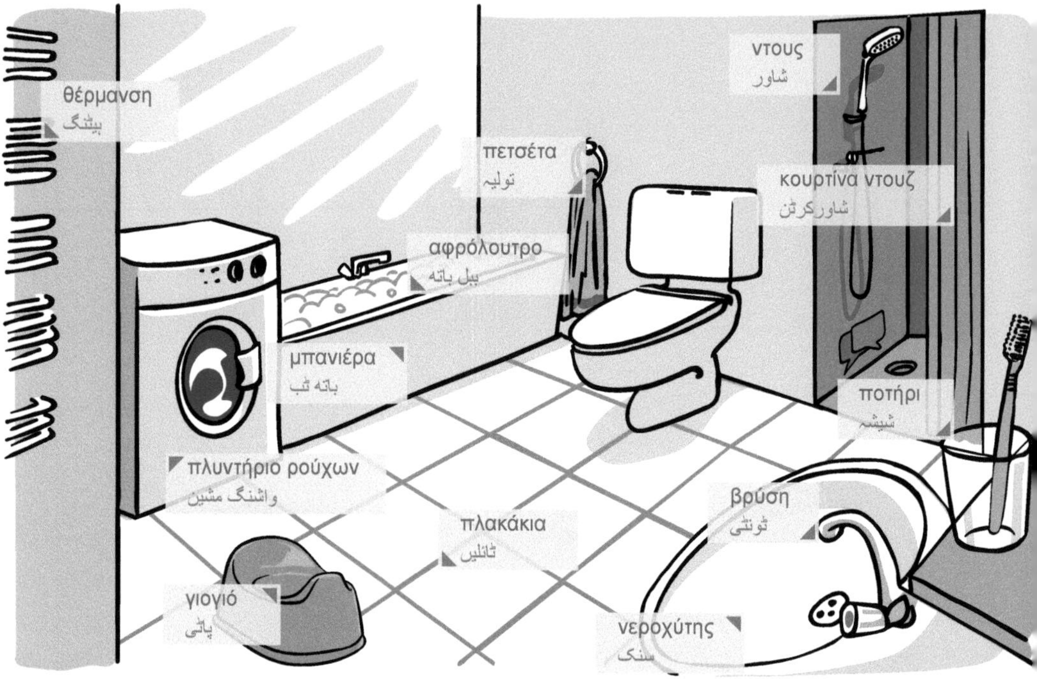

τουαλέτα
ٹائلٹ

τούρκικη τουαλέτα
دوزانوں بیٹھنے والا ٹائلٹ

μπιντές
نل والا ہوز بیٹھ کراپنی صفائی

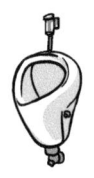

ουρητήριο
پیشاب گاہ

χαρτί υγείας
ٹائلٹ پیپر

πιγκάλ
ٹائلٹ برش

οδοντόβουρτσα

ٹوتھ برش

οδοντόκρεμα

ٹوتھ پیسٹ

οδοντικό νήμα

ڈینٹل فلاس

πλένω

دھونا

τηλέφωνο ντους

ہینڈ شاور

ντουσιέρα

شاور

λεκάνη

بیسن

βούρτσα πλάτης

بیک برش

σαπούνι

صابن

αφρόλουτρο

شاورجل

σαμπουάν

شیمپو

φανέλα

فلالین

σιφόνι

ڈرین

κρέμα

کریم

αποσμητικό

ڈیوڈورنٹ

καθρέφτης

آئینہ

καθρέφτης χειρός

ہاتھ میں پکڑا جانے والا آئینہ

ξυραφάκι

ریزر

αφρός ξυρίσματος

شیونگ فوم

αφτερσέιβ

آفٹرشیو

χτένα

کنگھی

βούρτσα

برش

σεσουάρ

ہیئر ڈرائر

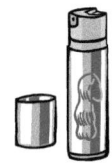

λακ

ہیئر اسپرے

μακιγιάζ

میک اپ

κραγιόν

لپ اسٹک

βερνίκι νυχιών

نیل وارنش

βαμβάκι

روئی

ψαλίδι νυχιών

ناخن کاٹنے کی قینچی

άρωμα

پرفیوم

νεσεσέρ

واش بیگ

σκαμπό

پاخانہ

ζυγαριά

وزن کرنے کی مشین

μπουρνούζι

باتھ روب

ελαστικά γάντια

ربڑ کے دستانے

ταμπόν

ٹیمپون

πετσέτα υγιεινής

سینیٹری ٹاول

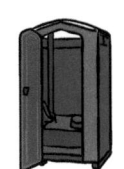

χημική τουαλέτα

کیمیکل ٹائلٹ

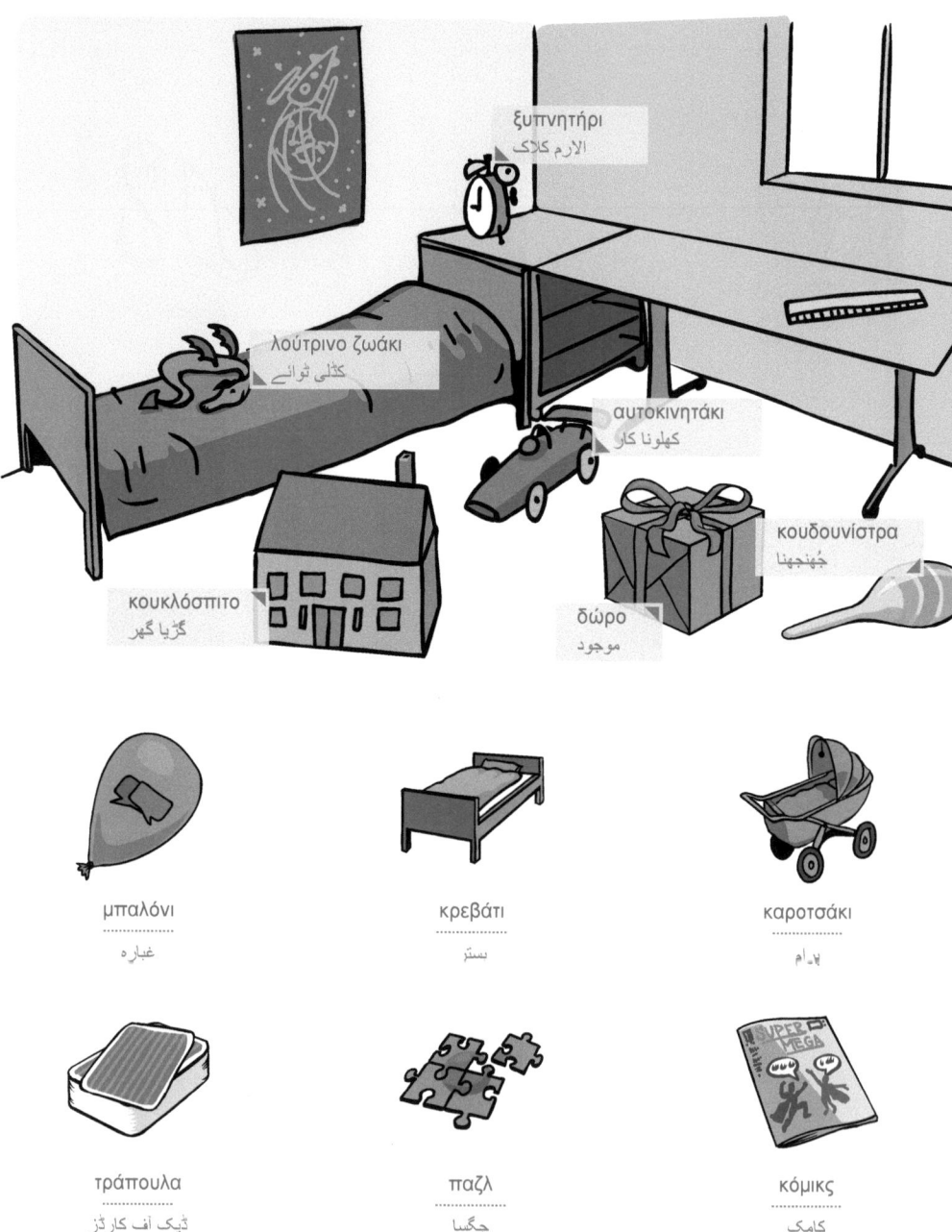

ξυπνητήρι
الارم کلاک

λούτρινο ζωάκι
کڈلی ٹوائے

αυτοκινητάκι
کھلونا کار

κουδουνίστρα
جُھنجھنا

κουκλόσπιτο
گڑیا گھر

δώρο
موجود

μπαλόνι
غباره

κρεβάτι
بستر

καροτσάκι
پرام

τράπουλα
ڈیک آف کارڈز

παζλ
جگسا

κόμικς
کامک

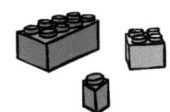

τουβλάκια lego

ليگوبركس

τουβλάκια κατασκευών

كهلونا بلاكس

φιγούρα δράσης

ايكشن فگر

βρεφικό φορμάκι

بچےكا لباس

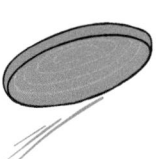

φρίσμπι

فرسبی

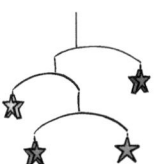

μόμπιλο

كهلونا موبائل

επιτραπέζιο παιχνίδι

بورڈ گيم

ζάρια

ڈائس

σετ τρενάκι

ماڈل ٹرين سيٹ

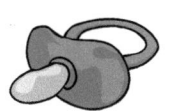

πιπίλα

ڈمی

πάρτι

پارٹی

εικονογραφημένο βιβλίο

تصاويروالی كتاب

μπάλα

گيند

κούκλα

گڑيا

παίζω

كهيلنا

σκάμμα με άμμο

سینڈ پٹ

κούνια

جهولا جهولنا

παιχνίδια

کھلونے

κονσόλα βιντεοπαιχνιδιών

وڈیوگیم کنسول

τρίκυκλο

تین پہیوں والی سائیکل

αρκουδάκι

ٹیڈی بیئر

ντουλάπα

کپڑوں کی الماری

ρούχα

لباس

κάλτσες

موزے

καλτσοδέτες

استاکنگز

καλσόν

ٹائٹس

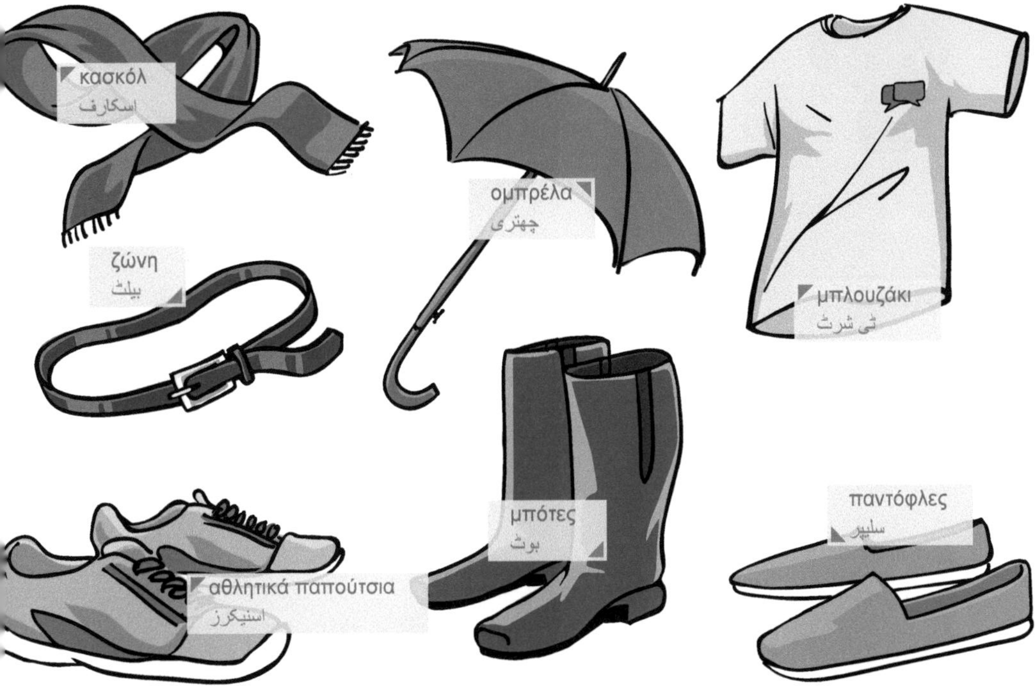

κασκόλ
اسکارف

ομπρέλα
چھتری

ζώνη
بیلٹ

μπλουζάκι
ٹی شرٹ

αθλητικά παπούτσια
اسنیکرز

μπότες
بوٹ

παντόφλες
سلیپر

σανδάλια
....
سینڈل

παπούτσια
....
جوتے

γαλότσες
....
ربڑ کے بوٹس

εσώρουχο
....
زیرجامہ

σουτιέν
....
بریزئیر

φανέλα
....
واسکٹ

σώμα

جسم

παντελόνι

پتلون

τζιν παντελόνι

جینز

φούστα

اسکرٹ

μπλούζα

بلاؤز

πουκάμισο

قمیض

πουλόβερ

پُل اوور

πουλόβερ

سویٹر

σακάκι

بلیزر

μπουφάν

جیکٹ

παλτό

کوٹ

αδιάβροχο πανωφόρι

رین کوٹ

κοστούμι

کوئی خاص لباس

φόρεμα

لباس

νυφικό

شادی کا لباس

κοστούμι

سوٹ

νυχτικό

نائٹ گاؤن

πιτζάμες

پانجامہ

σάρι

ساڑھی

μαντήλι

سرپرلیا جانے والا اسکارف

τουρμπάνι

پگڑی

μπούρκα

بُرقع

καφτάνι

کفتان

μουσουλμανικό ένδυμα

عبایہ

ολόσωμο μαγιό

تیراکی کا سوٹ

ανδρικό μαγιό

ٹرنک

σορτς

نیکر

αθλητική φόρμα

ٹریک سوٹ

ποδιά

اپرن

γάντια

دستانے

κουμπί

بٹن

γυαλιά

عینک

βραχιόλι

کنگن

περιδέραιο

ہار

δαχτυλίδι

انگوٹھی

σκουλαρίκι

کانوں کی بالیاں

καπέλο

ٹوپی

κρεμάστρα

کوٹ ہینگر

καπέλο

ہیٹ

γραβάτα

ٹائی

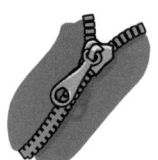

φερμουάρ

زپ

κράνος

ہیلمٹ

τιράντες

بریسز

μαθητική στολή

سکول یونیفارم

στολή

وردی

σαλιάρα

بب

πιπίλα

ڌمی

πάνα

نیپی

γραφείο

دفتر

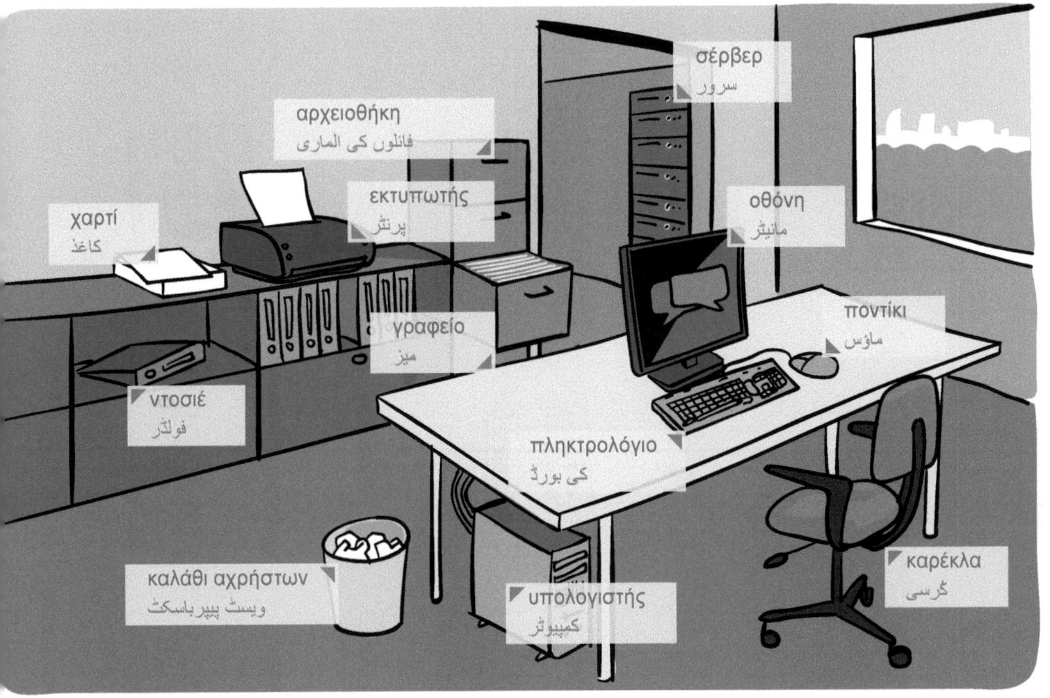

σέρβερ

سرور

αρχειοθήκη

فائلوں کی الماری

εκτυπωτής

پرنٹر

οθόνη

مانیٹر

χαρτί

کاغذ

πόντίκι

ماؤس

γραφείο

میز

ντοσιέ

فولڈر

πληκτρολόγιο

کی بورڈ

καλάθι αχρήστων

ویسٹ پیپر باسکٹ

υπολογιστής

کمپیوٹر

καρέκλα

کرسی

κούπα του καφέ

کافی مگ

κομπιουτεράκι

کیلکولیٹر

ίντερνετ

انٹرنیٹ

λάπτοπ

لیپ ٹاپ

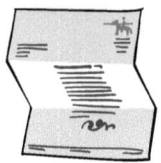

γράμμα

خط

μήνυμα

پیغام

κινητό

موبائل

δίκτυο

نیٹ ورک

φωτοτυπικό μηχάνημα

فوٹوکاپئیر

λογισμικό

سافٹ وئیر

τηλέφωνο

ٹیلی فون

πρίζα

پلگ ساکٹ

συσκευή φαξ

فیکس مشین

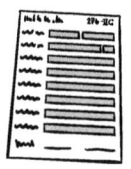

έντυπο

فارم

έγγραφο

دستاویز

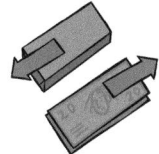

αγοράζω

خریدنا

πληρώνω

ادائیگی کرنا

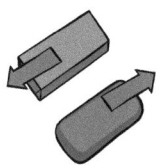

συναλλάσσομαι

تجارت کرنا

χρήματα

رقم

δολάριο

ڈالر

ευρώ

یورو

γιεν

ین

ρούβλι

روبل

ελβετικό φράγκο

سوئس فرانک

ρενμίνμπι γιουάν

رینمنیبی یوآن

ρουπία

روپیہ

ATM (αυτόματη ταμειακή μηχανή)

کیش پوائنٹ

ανταλλακτήρια
συναλλάγματος

رقم تبدیل کرانے کیلئے دفتر

χρυσός

سونا

ασήμι

چاندی

πετρέλαιο

خام تیل

ενέργεια

توانائی

τιμή

قیمت

συμβόλαιο

معاہدہ

φόρος

ٹیکس

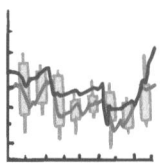

μετοχή

اسٹاک

δουλεύω

کام کرنا

υπάλληλος

ملازم

εργοδότης

أجر

εργοστάσιο

فیکٹری

κατάστημα

دکان

επαγγέλματα

پیشے

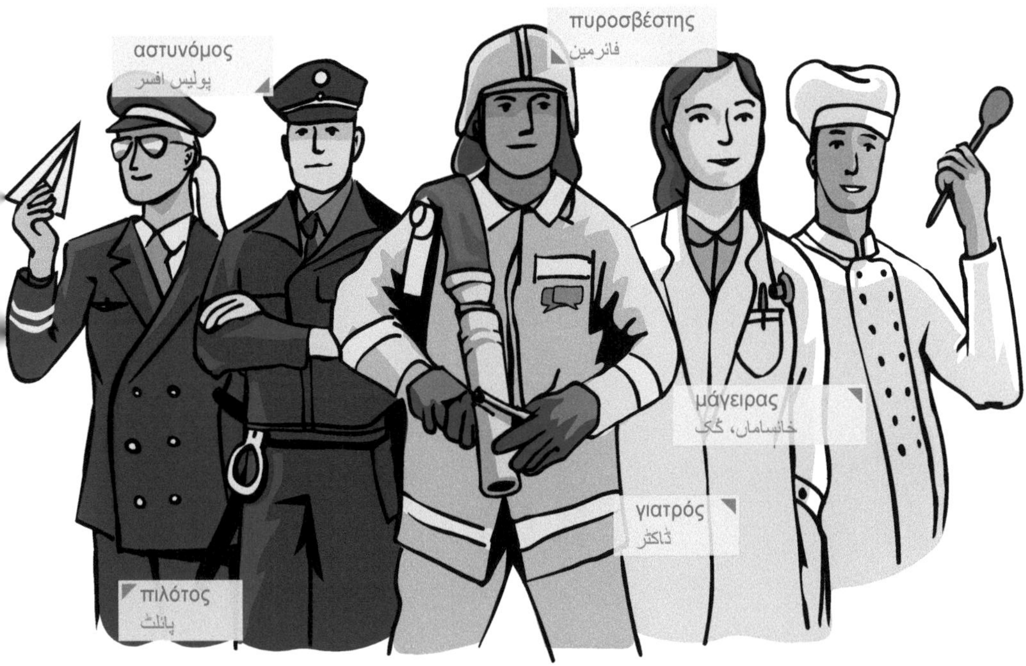

πυροσβέστης
فائرمین
αστυνόμος
پولیس افسر
μάγειρας
خانساماں، کُک
γιατρός
ڈاکٹر
πιλότος
پائلٹ

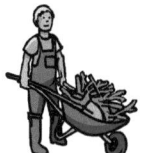

κηπουρός

مالی

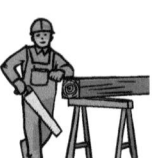

ξυλουργός

ترکھان

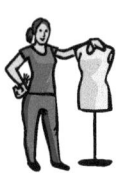

μοδίστρα

درزن

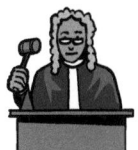

δικαστής

جج

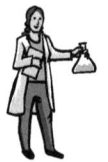

χημικός

کیمسٹ

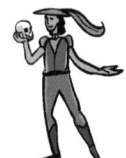

ηθοποιός

اداکار

οδηγός λεωφορείου

بس ڈرائیور

ταξιτζής

ٹیکسی ڈرائیور

ψαράς

مچھیرا

καθαρίστρια

صفائی کرنے والی عورت

τεχνίτης στεγών

چھت بنانے والا

σερβιτόρος

ویٹر

κυνηγός

شکاری

ζωγράφος

پینٹر

αρτοποιός

بیکر

ηλεκτρολόγος

الیکٹریشین

οικοδόμος

بلڈر

μηχανολόγος

انجینئر

κρεοπώλης

قصائی

υδραυλικός

پلمبر

ταχυδρόμος

ڈاکیا

στρατιώτης

سپاہی

αρχιτέκτονας

آرکیٹیکٹ

ταμίας

کیشئیر

ανθοπώλης

پھول بیچنے والا

κομμωτής

نائی

ελεγκτής εισιτηρίων

کنڈکٹر

μηχανικός

مکینک

καπετάνιος

کپتان

οδοντίατρος

ڈینٹسٹ

επιστήμονας

سائنسدان

ραβίνος

یہودی عالم

ιμάμης

امام

μοναχός

راہب

ιερέας

پادری

εργαλεία

اوزار

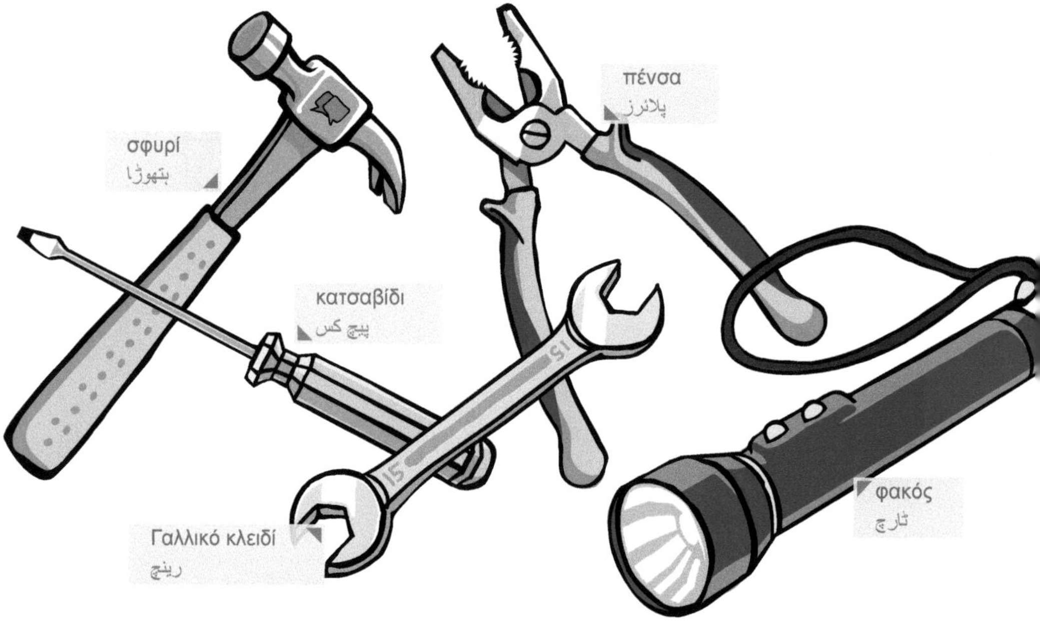

πένσα
پلائرز
σφυρί
ہتھوڑا
κατσαβίδι
پیچ کس
φακός
ٹارچ
Γαλλικό κλειδί
رینچ

εκσκαφέας

ایکسکویٹر

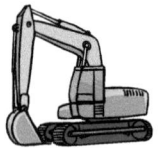

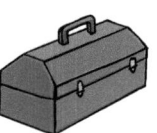

εργαλειοθήκη

ٹول باکس

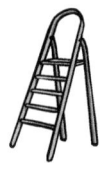

σκάλα

سیڑھی

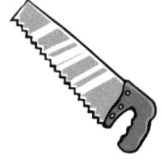

πριόνι

آری

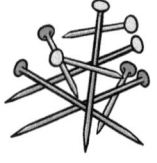

καρφιά

کیل

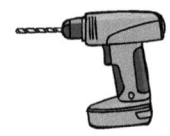

τρυπάνι

ڈرل

επισκευάζω

مرمت کرنا

φτυάρι

بیلچہ

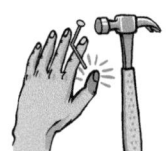

Να πάρει!

لعنت ہو!

φαράσι

ٹسٹ پین

δοχείο χρωμάτων

پینٹ پاٹ

βίδες

پیچ

μουσικά όργανα

آلات موسیقی

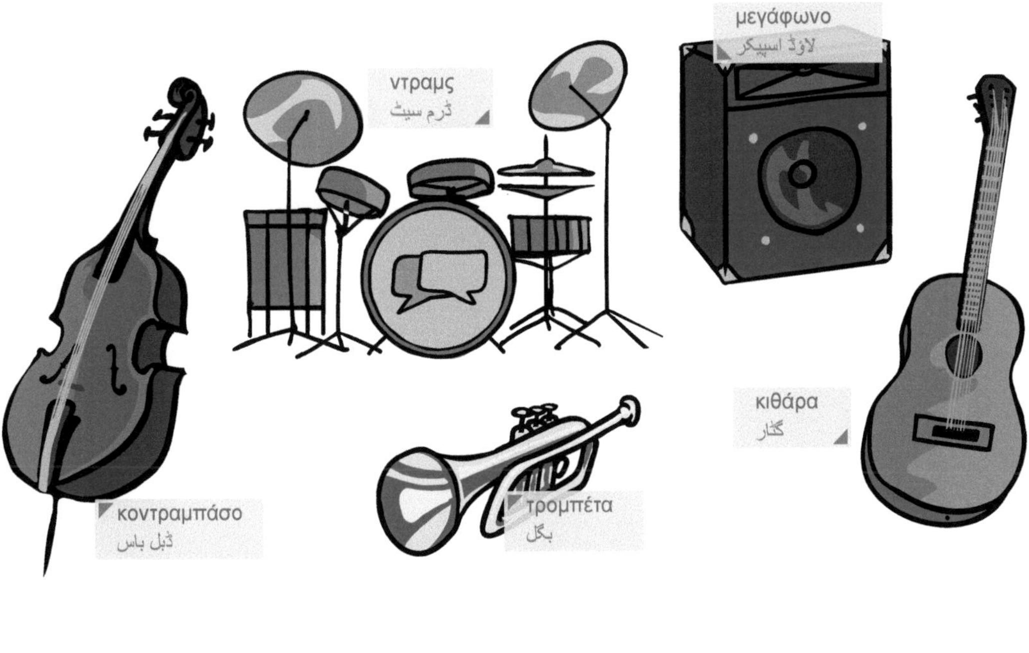

ντραμς
ڈرم سیٹ

μεγάφωνο
لاؤڈ اسپیکر

κιθάρα
گٹار

κοντραμπάσο
ڈبل باس

τρομπέτα
بگل

πιάνο

پیانو

βιολί

وائلن

μπάσο

موسیقی کی آواز

τύμπανα

ٹمپانی

τύμπανο

ڈھول، ڈرمز

πλήκτρα

کی بورڈ

σαξόφωνο

سیکسوفون

φλάουτο

بانسری

μικρόφωνο

مائیکروفون

μουσικά όργανα - آلات موسیقی

ζωολογικός κήπος

چڑیا گھر

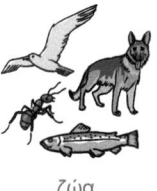

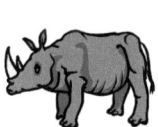

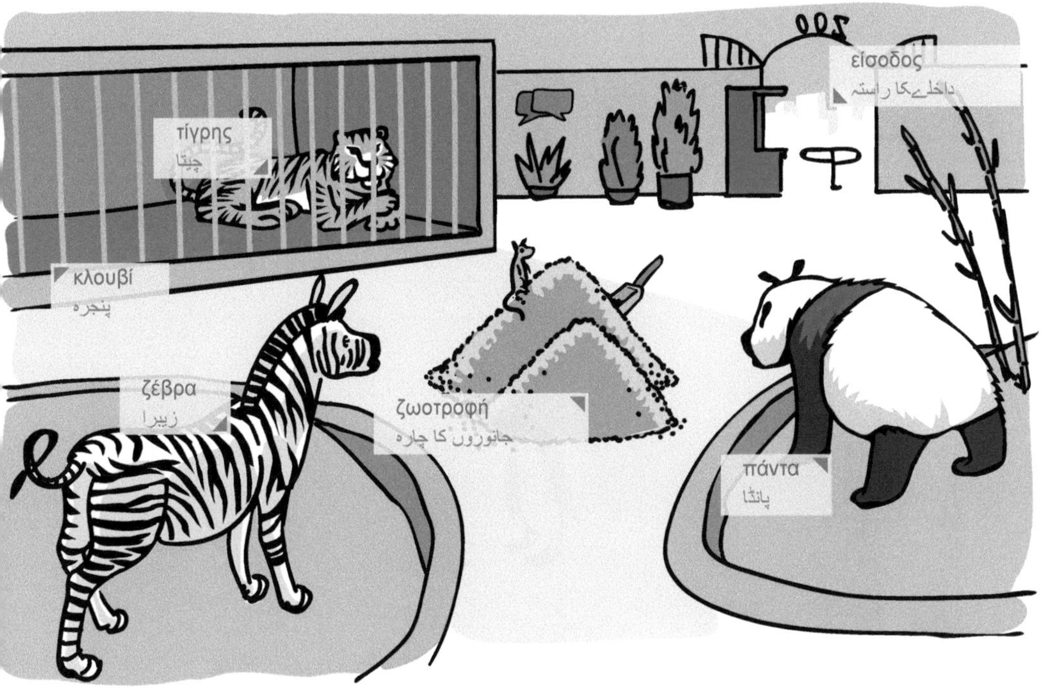

είσοδος
داخلے کا راستہ
τίγρης
چیتا
κλουβί
پنجرہ
ζέβρα
زیبرا
ζωοτροφή
جانوروں کا چارہ
πάντα
پانڈا

ζώα

جانور

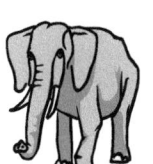

ελέφαντας

ہاتھی

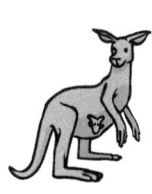

καγκουρό

کینگرو

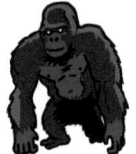

ρινόκερος

گینڈا

γορίλας

گوریلا

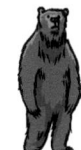

αρκούδα

ریچھ

καμήλα

اونٹ

στρουθοκάμηλος

شُترمُرغ

λιοντάρι

شیر

πίθηκος

بندر

φλαμίνγκο

فلیمنگو

παπαγάλος

طوطا

πολική αρκούδα

قطبی ریچھ

πιγκουίνος

کبوتر

καρχαρίας

شارک

παγώνι

مور

φίδι

سانپ

κροκόδειλος

مگرمچھ

φύλακας ζωολογικού κήπου

چڑیا گھر کا محافظ

φώκια

سیل

τζάγκουαρ

امریکی تیندوا

πόνυ

ٹٹو

λεοπάρδαλη

چیتا

ιπποπόταμος

دریائی گھوڑا

καμηλοπάρδαλη

زرافہ

αετός

عقاب

αγριογούρουνο

سؤر

ψάρι

مچھلی

χελώνα

کچھوا

θαλάσσιος ίππος

سمندری گھوڑا

αλεπού

لومڑی

γαζέλα

غزال ہرن

Αμερικάνικο ποδόσφαιρο
امریکن فٹ بال

ποδηλασία
سائیکلنگ

αντισφαίριση
ٹینس

μπάσκετ
باسکٹ بال

κολύμβηση
پیراکی

χόκεϋ επί πάγου
آئس ہاکی

πυγχαμία
باکسنگ

ποδόσφαιρο
فٹ بال،

μπάντμιντον
بیڈ منٹن

στίβος
اتھلیٹکس

χάντμπολ
ہینڈ بال

σκι
اسکیننگ

πόλο
پولو

γελάω
ہنسنا

πηδάω
چھلانگ لگانا

αγκαλιάζω
گلے لگانا

περπατάω
چلنا

τραγουδάω
گانا

ονειρεύομαι
خواب دیکھنا

προσεύχομαι
دُعا کرنا

φιλάω
چُومنا

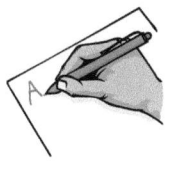

γράφω

لکھنا

σχεδιάζω

تصویرکشی کرنا

δείχνω

دکھانا

πιέζω

آگے کی طرف دھکیلنا

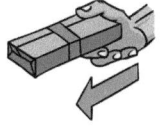

δίνω

دینا

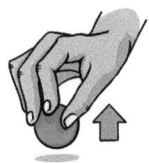

παίρνω

لینا

έχω

رکهنا

κάνω

کرنا

είμαι

هونا

στέκομαι

کھڑا ہونا

τρέχω

دوڑنا

τραβάω

کھینچنا

ρίχνω

پھینکنا

πέφτω

گرنا

ξαπλώνω

جھوٹ بولنا

περιμένω

انتظار کرنا

κουβαλώ

اٹھانا

κάθομαι

بیٹھنا

φοράω

ملبوس ہونا

κοιμάμαι

سونا

ξυπνάω

جاگنا

κοιτάω

دیکھنا

κλαίω

رونا

χαϊδεύω

چوٹ لگانا

χτενίζω

کنگھی کرنا

μιλάω

بات کرنا

καταλαβαίνω

سمجھنا

ρωτάω

پوچھنا

ακούω

مُتوجہ ہونا

πίνω

پینا

τρώω

کھانا

συγυρίζω

صاف کرنا

αγαπάω

پیار کرنا

μαγειρεύω

پکانا

οδηγώ

گاڑی چلانا

πετάω

اڑنا

κάνω ιστιοπλοΐα

بحری سفرکرنا

υπολογίζω

شمارکریں

διαβάζω

پڑھنا

μαθαίνω

سیکھنا

δουλεύω

کام کرنا

παντρεύομαι

شادی کرنا

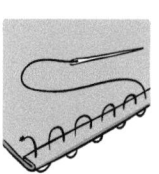

ράβω

سینا

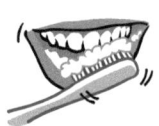

βουρτσίζω τα δόντια

دانت صاف کرنا

σκοτώνω

جان سے ماردینا

καπνίζω

تمباکونوشی کرنا

στέλνω

بھیجنا

γιαγιά
دادی

παππούς
دادا

πατέρας
پاپ

μητέρα
مان

μωρό
طفل

κόρη
بیٹی

γιος
بیٹا

καλεσμένος

مہمان

θεία

چچی

θείος

چچا

αδελφός

بھائی

αδελφή

بہن

σώμα

جسم

μέτωπο
ماتھا
μάτι
آنکھ
πρόσωπο
چہرہ
πιγούνι
ٹھوڑی
στήθος
چھاتی
δάχτυλο
انگلی
χέρι
ہاتھ
βραχίονας
بازو
ώμος
کندھا
πόδι
ٹانگ

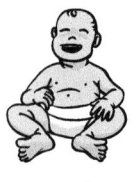

μωρό

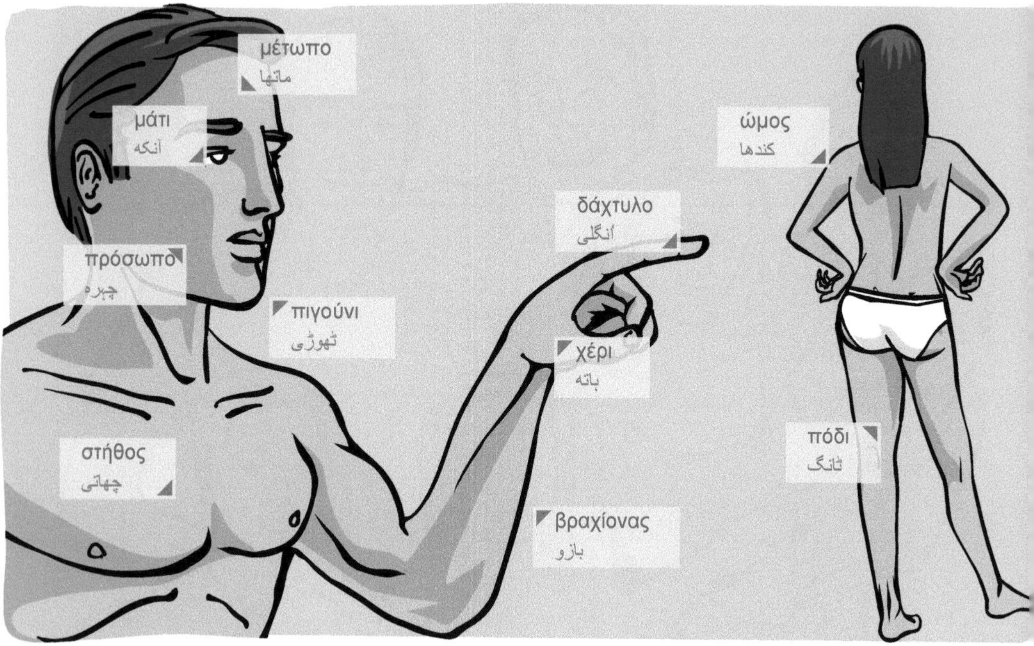

طفل

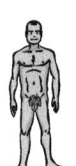

άνδρας

آدمی

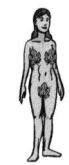

γυναίκα

عورت

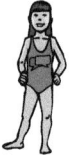

κορίτσι

لڑکی

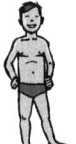

αγόρι

لڑکا

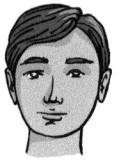

κεφάλι

سر

πλάτη

کمر

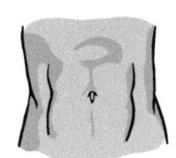

κοιλιά

پیٹ

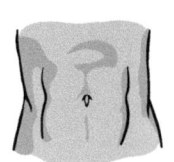

αφαλός

ناف

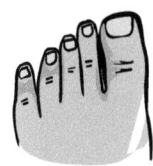

δάχτυλο ποδιού

پاؤں کا انگوٹھا

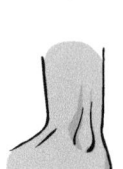

φτέρνα

ایڑھی

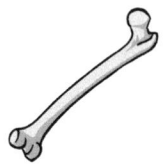

κόκκαλο

ہڈی

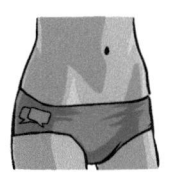

γοφός

کولہا

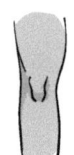

γόνατο

گھٹنا

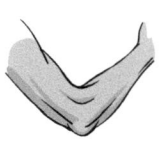

αγκώνας

کہنی

μύτη

ناک

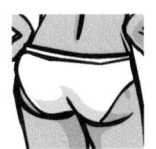

γλουτός

نچلا حصہ

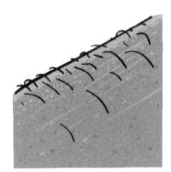

δέρμα

جلد

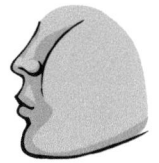

μάγουλο

گال

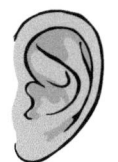

αυτί

کان

χείλος

ہونٹ

στόμα

مُنہ

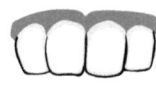

δόντι

دانت

γλώσσα

زُبان

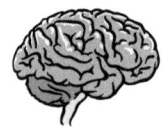

εγκέφαλος

دماغ

καρδιά

دل

μυς

پٹھہ

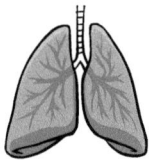

πνεύμονας

پھیپھڑا

συκώτι

جگر

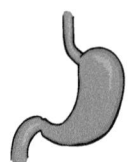

στομάχι

معدہ

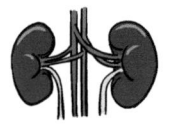

νεφρά

گردے

σεξουαλική επαφή

جنس

προφυλακτικό

کنڈوم

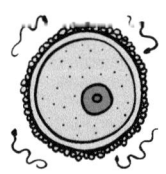

ωάριο

بیضہ

σπέρμα

مادہ منویہ

εγκυμοσύνη

حمل

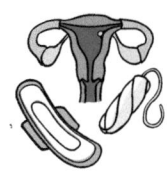

περίοδος

حيض

γυναικείος κόλπος

اندام نهانی

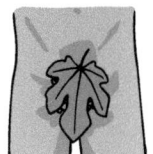

πέος

عضو تناسل

φρύδι

بهنورين

μαλλιά

بال

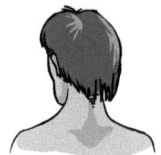

λαιμός

گردن

νοσοκομείο
ہسپتال

νοσοκομείο
ہسپتال
ασθενοφόρο
ایمبولینس
αναπηρικό καροτσάκι
وہیل چیئر
κάταγμα
ہڈی ٹوٹنا

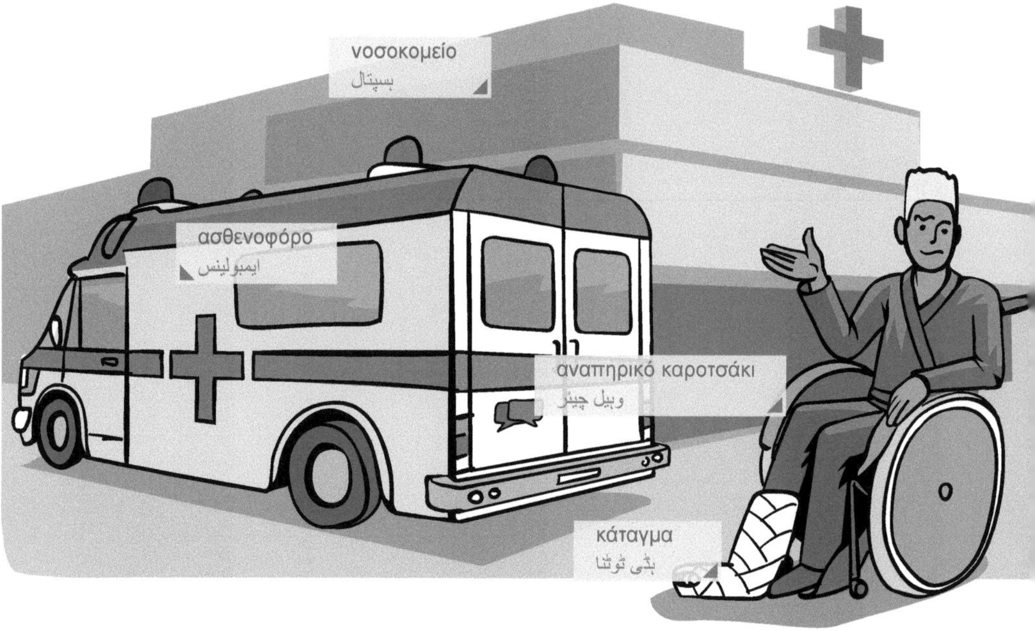

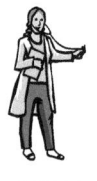

γιατρός

ڈاکٹر

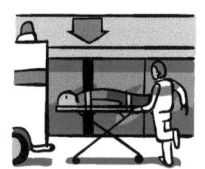

μονάδα εντατικής θεραπείας

ہنگامی کمرہ

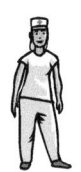

νοσοκόμα

نرس

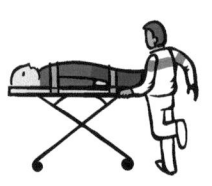

έκτακτη ανάγκη

ہنگامی صورتحال

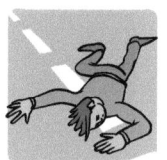

λιπόθυμος

بےہوش

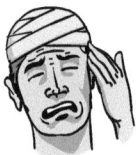

πόνος

درد

τραύμα

زخم

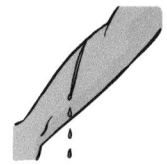

αιμορραγία

خون بہنا

έμφραγμα

دل کا دورہ

εγκεφαλικό

فالج

αλλεργία

الرجی

βήχας

کھانسی

πυρετός

بخار

γρίπη

زکام

διάρροια

اسہال

πονοκέφαλος

سردرد

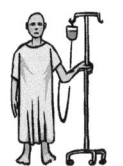

καρκίνος

کینسر

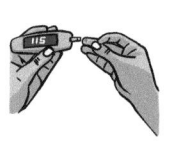

διαβήτης

ذیابیطس

χειρουργός

سرجن

νυστέρι

نشتر

εγχείρηση

آپریشن

αξονική τομογραφία

سی ٹی

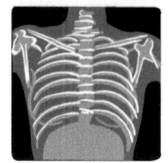

ακτινογραφία

ایکس رے

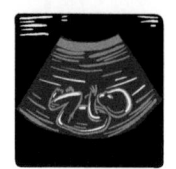

υπέρηχος

الٹراساؤنڈ

μάσκα

چہرے کا نقاب

ασθένεια

بیماری

αίθουσα αναμονής

انتظارگاہ

πατερίτσα

بیساکھی

χάνσαπλαστ

پلاسٹر

επίδεσμος

پٹی

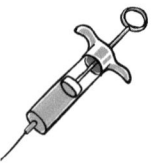

ένεση

انجکشن

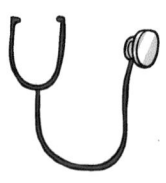

στηθοσκόπιο

اسٹیتھو اسکوپ

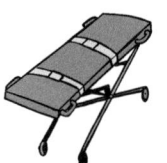

φορείο

اسٹریچر

θερμόμετρο

مطبی تھرما میٹر

γέννηση

پیدائش

υπέρβαρο

حد سے زیادہ وزن

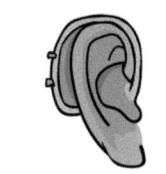

ακουστικό βαρηκοΐας

آلہ سماعت

αντισηπτικό

جراثیم کش

λοίμωξη

انفیکشن

ιός

وائرس

HIV/AIDS

ایچ آئی وی/ ایڈز

φάρμακο

دوا

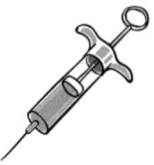

εμβολιασμός

ویکسی نیشن

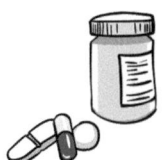

δισκία

گولیاں

χάπι

گولی

κλήση έκτακτης ανάγκης

ہنگامی کال

πιεσόμετρο αίματος

بلڈ پریشرمانیٹر

άρρωστος / υγιής

بیمار/ صحتمند

Βοήθεια!

مدد!

συναγερμός

الارم

βιαιοπραγία

مُجرمانہ حملہ

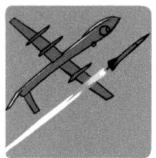

επίθεση

حملہ

κίνδυνος

خطرہ

έξοδος κινδύνου

ہنگامی راستہ

Φωτιά!

آگ!

πυροσβεστήρας

آگ بُجھانے والہ آلہ

ατύχημα

حادثہ

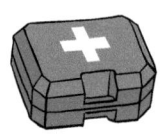

κουτί πρώτων βοηθειών

ابتدائی طبی امداد کی کٹ

SOS

ایس اوایس

αστυνομία

پولیس

Ευρώπη

یورپ

Βόρεια Αμερική

شمالی امریکه

Νότια Αμερική

جنوبی امریکه

Αφρική

افریقه

Ασία

ایشیا

Αυστραλία

آسترلیلیا

Ατλαντικός Ωκεανός

بحر اوقیانوس

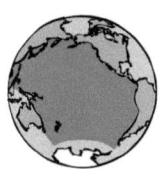

Ειρηνικός Ωκεανός

بحر الکابل

Ινδικός Ωκεανός

بحرهند

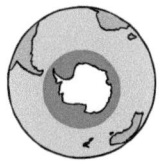

Ανταρκτικός Ωκεανός

بحرقطب جنوبی

Αρκτικός Ωκεανός

بحرقطب شمالی

Βόρειος Πόλος

قطب شمالی

Νότιος Πόλος

قُطب جنوبی

Ανταρκτική

انٹارکٹیکا

Γη

زمین

γη

زمین

θάλασσα

سمندر

νησί

جزیرہ

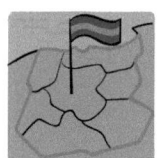

έθνος

قوم

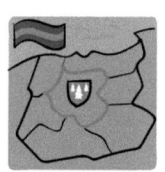

πολιτεία

ریاست

καντράν ρολογιού

کلاک کا سامنے کا حصہ

ωροδείκτης

گھنٹوں والی سوئی

λεπτοδείκτης

منٹوں والی سوئی

δείκτης δευτερολέπτων

سیکنڈ ہینڈ

Τι ώρα είναι;

کیا وقت ہوا ہے؟

ημέρα

دن

χρόνος

وقت

τώρα

اب

ψηφιακό ρολόι

ڈیجیٹل گھڑی

λεπτό

منٹ

ώρα

گھنٹہ

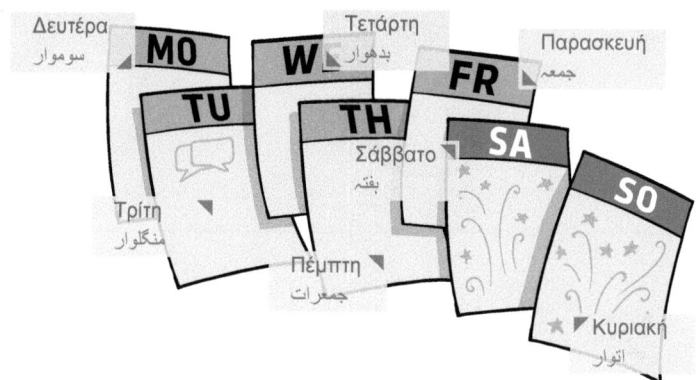

Δευτέρα / سوموار — MO
Τετάρτη / بدهوار — W
Παρασκευή / جمعہ — FR
TU
TH
Σάββατο / هفتہ — SA
SO
Τρίτη / منگلوار
Πέμπτη / جمعرات
Κυριακή / اتوار

χθες

گزرا کل

σήμερα

آج

αύριο

کل

πρωί

صبح

μεσημέρι

دوپہر

βράδυ

شام

MO	TU	WE	TH	FR	SA	SU
1	2	3	4	5	6	7
8	9	10	11	12	13	14
15	16	17	18	19	20	21
22	23	24	25	26	27	28
29	30	31	1	2	3	4

εργάσιμες ημέρες

کاروباری دن

MO	TU	WE	TH	FR	SA	SU
1	2	3	4	5	6	7
8	9	10	11	12	13	14
15	16	17	18	19	20	21
22	23	24	25	26	27	28
29	30	31	1	2	3	4

Σαββατοκύριακο

ہفتے کا اختتام

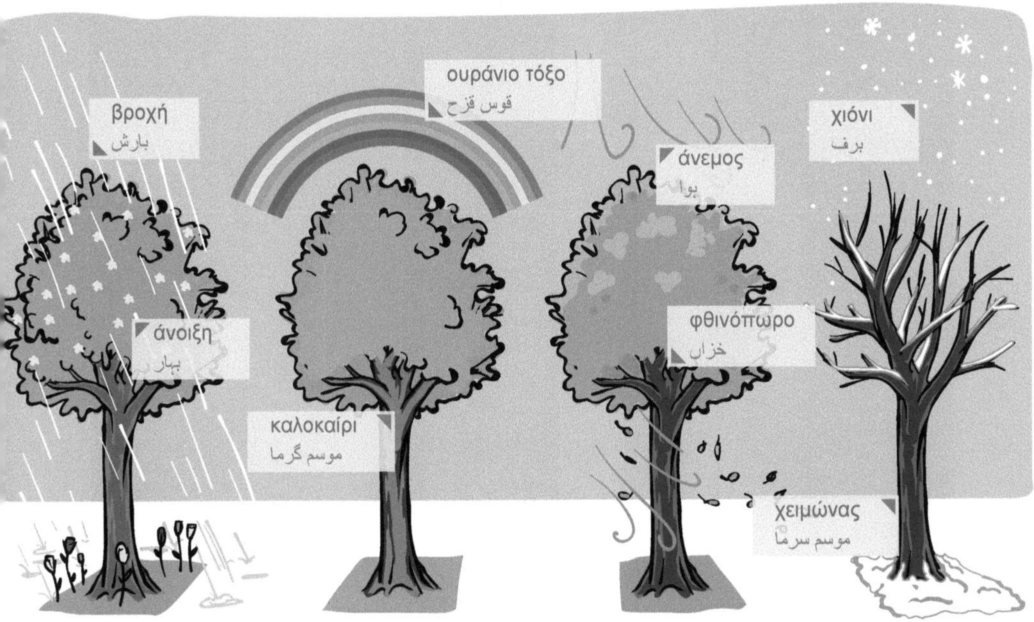

ουράνιο τόξο
قوس قزح
βροχή
بارش
χιόνι
برف
άνεμος
ہوا
άνοιξη
بہار
φθινόπωρο
خزاں
καλοκαίρι
موسم گرما
χειμώνας
موسم سرما

4.APRIL 11°
5.APRIL 4°
6.APRIL 13°
7.APRIL 8°
8.APRIL 10°

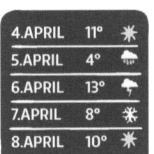

πρόγνωση καιρού

موسمی پیش گوئی

F C
120 40
90 30
60 20
30 10
0 0
-30 -10
-20

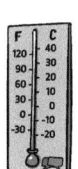

θερμόμετρο

تھرما میٹر

λιακάδα

دھوپ

σύννεφο

بادل

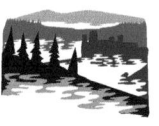

ομίχλη

دُھند

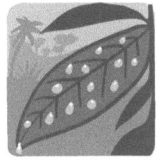

υγρασία

حبس

αστραπή

بجلی کوندھنا

κεραυνός

بادلوں کی گرج

καταιγίδα

طوفان

χαλάζι

ژالہ باری

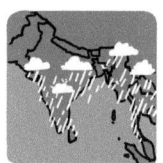

μουσώνας

مون سون

πλημμύρα

سیلاب

πάγος

برف

Ιανουάριος

جنوری

Φεβρουάριος

فروری

Μάρτιος

مارچ

Απρίλιος

اپریل

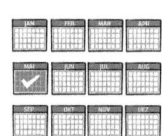

Μάιος

مئی

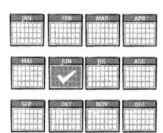

Ιούνιος

جون

Ιούλιος

جولائی

Αύγουστος

اگست

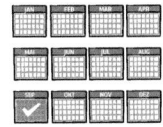

Σεπτέμβριος

سبتمبر

Οκτώβριος

اكتوبر

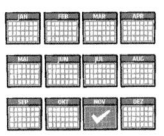

Νοέμβριος

نومبر

Δεκέμβριος

دسمبر

σχήματα
اشكال

κύκλος

دائره

τετράγωνο

چوکور

ορθογώνιο
παραλληλόγραμμο
مستطيل

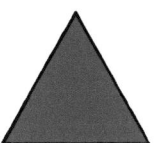

τρίγωνο

تکون

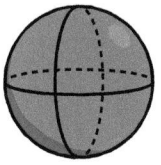

σφαίρα

گره

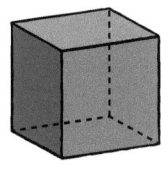

κύβος

مکعب

άσπρο

سفید

κίτρινο

پیلا

πορτοκαλί

نارنجی

ροζ

گلابی

κόκκινο

سُرخ

μωβ

جامنی

μπλε

نیلا

πράσινο

سبز

καφέ

بھورا

γκρι

مٹیالا

μαύρο

سیاہ

πολύ / λίγο

بہت زیادہ / بہت کم

θυμωμένος / ήρεμος

ناراض / پُرسکون

όμορφος / άσχημος

خوبصورت / بدصورت

αρχή / τέλος

آغاز / اختتام

μεγάλος / μικρός

بڑا / چھوٹا

φωτεινός / σκοτεινός

روشن / اندھیرا

αδελφός / αδελφή

بھائی / بہن

καθαρός / λερωμένος

صاف / گندا

πλήρης / ατελής

مکمل / نامکمل

ημέρα / νύχτα

دن / رات

νεκρός / ζωντανός

زندہ / مُردہ

φαρδύς / στενός

چوڑا / تنگ

βρώσιμος / μη βρώσιμος

کھانے کے قابل ہونا / کھانے کے قابل نہ ہونا

κακός / ευγενικός

بُرا / اچھا

ενθουσιασμένος / βαριεστημένος

پُرجوش / بوریت کا شکار

παχύς / λεπτός

موٹا / دُبلا

πρώτος / τελευταίος

پہلا / آخری

φίλος / εχθρός

دوست / دُشمن

γεμάτος / άδειος

بھرا ہوا / خالی

σκληρός / μαλακός

سخت / نرم

βαρύς / ελαφρύς

بوجھل / ہلکا

πείνα / δίψα

بھوک / پیاس

άρρωστος / υγιής

بیمار / صحتمند

παράνομος / νόμιμος

غیرقانونی / قانونی

έξυπνος / χαζός

عقلمند / بیوقوف

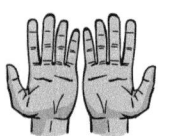

αριστερός / δεξιός

بائیں / دائیں

κοντινός / μακρινός

نزدیک / دور

καινούριος /
μεταχειρισμένος

نیا / پُرانا

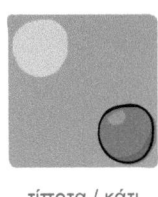

τίποτα / κάτι

کچھ نہیں / کچھ ہے

γέρος | νέος

بوڑھا / نوجوان

αναμμένος / σβηστός

آن / آف

ανοιχτός / κλειστός

کُھلا / بند

χαμηλόφωνος /
μεγαλόφωνος

خاموش / بلند آواز

πλούσιος / φτωχός

امیر / غریب

σωστός / λανθασμένος

ٹھیک / غلط

τραχύς / λείος

کھُردرا / ہموار

λυπημένος / χαρούμενος

افسردہ / خوش

κοντός / μακρύς

مُختصر / طویل

αργός / γρήγορος

آہستہ / تیز

υγρός / στεγνός

گیلا / خُشک

ζεστός / δροσερός

گرم / ٹھنڈا

πόλεμος / ειρήνη

جنگ / امن

0	**1**	**2**
μηδέν	ένα	δύο
صفر	ایک	دو

3	**4**	**5**
τρία	τέσσερα	πέντε
تین	چار	پانچ

6	**7**	**8**
έξι	εφτά	οκτώ
چھ	سات	آٹھ

9	**10**	**11**
εννιά	δέκα	έντεκα
نو	دس	گیاره

12

δώδεκα

باره

13

δεκατρία

تیره

14

δεκατέσσερα

چوده

15

δεκαπέντε

پندره

16

δεκαέξι

سوله

17

δεκαεφτά

ستره

18

δεκαοκτώ

اټھاره

19

δεκαεννέα

اُنیس

20

είκοσι

بیس

100

εκατό

سو

1.000

χίλια

بزار

1.000.000

εκατομμύριο

دس لاکه

Αγγλικά

انگریزی

Αμερικάνικα Αγγλικά

امریکی انگریزی

Μανδαρίνικα Κινέζικα

چینی مینڈارین

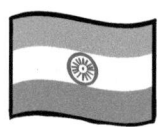

Χίντι

ہندی

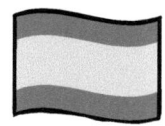

Ισπανικά

ہسپانوی

Γαλλικά

فرانسیسی

Αραβικά

عربی

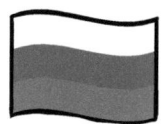

Ρώσικα

روسی

Πορτογαλικά

پُرتگالی

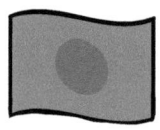

Μπενγκάλι

بنگالی

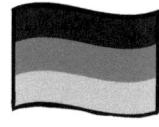

Γερμανικά

جرمن

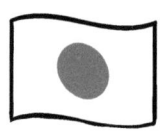

Ιαπωνικά

جاپانی

εγώ

میں

εσύ

تم

αυτός / αυτή / αυτό

وہ (لڑکا) / وہ (لڑکی) / یہ

εμείς

ہم

εσείς

تم

αυτοί / αυτές / αυτά

وہ

ποιος / ποια / ποιο;

کون؟

τι;

کیا؟

πώς;

کیسے؟

πού;

کہاں؟

πότε;

کب؟

όνομα

نام

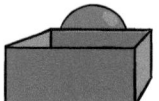

πίσω

پیچھے

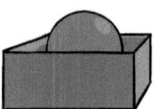

μέσα

میں

μπροστά

کے سامنے

πάνω από

اوپر

πάνω

پر

κάτω

نیچے

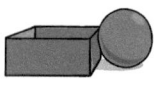

δίπλα

ساتھ

ανάμεσα

درمیان

μέρος

جگہ